Bibliothek
der schönsten
Märchen

**Aladin
und die
Wunderlampe**

1001 Nacht

Aladin und die Wunderlampe

Nacherzählt von Dirk Walbrecker
Illustriert von Doris Eisenburger

Annette Betz Verlag

Einst lebte in einer Stadt in China ein armes Schneiderehepaar, das hatte einen Sohn namens Aladin. Von Kleinkind an war dieser Aladin ein Taugenichts, und seine Eltern hatten ihre liebe Not mit ihm: Was immer sie auch versuchten – ihr Kind mochte nicht gehorchen und hatte nichts als Unsinn im Kopf.
Als Aladin schließlich zehn Jahre alt war, faßte der Schneider einen Beschluß: Der Junge muß etwas Anständiges lernen! Da Aladins Vater aber so arm war, daß er kein Geld für eine Ausbildung in einer Wissenschaft oder in einem anderen Beruf hatte, nahm er seinen Sohn in seine eigene Werkstatt, um ihn den Beruf des Schneiders zu lehren.
Was aber tat Aladin? Jeden Tag lauerte er nur auf den Moment, daß sein Vater die Werkstatt verließ. Kaum hatte der eine Besorgung zu machen oder einen Kunden zu besuchen, machte auch Aladin sich auf die Socken. Er rannte schnurstracks in einen der Parks und traf dort seine Freunde… Lehrlinge, die wie er keine Lust auf Arbeit hatten, oder andere Jungen aus dem Viertel, denen Spaß und Schabernack wichtiger waren, als etwas zu lernen.
So ging das tagaus, tagein. Und sosehr die Eltern auch flehten oder mahnten – Aladin wollte nicht gehorsam sein. Und das Schneidern, das lernte er natürlich auch nicht.
Kein Wunder also, daß Aladins Vater immer betrübter und vergrämter wurde. Schließlich erkrankte er vor Kummer, und eines Tages war er tot.
Was tun? fragte sich nun die Schneiderswitwe. Und da ihr Sohn keine Einsicht hatte und ein Tunichtgut bleiben wollte, entschloß sie sich, die Schneiderwerkstatt mit allem, was dazugehörte, zu verkaufen. Um für sich und Aladin das Nötigste zu verdienen, begann sie Baumwolle zu spinnen.
Der Wunsch allerdings, Aladin würde zur Einsicht kommen, der war vergeblich. Im Gegenteil: Kaum war Aladin der Strenge des Vaters entronnen, wurde er noch unnützer. Von morgens bis abends trieb er sich in den Straßen und Parks herum. Er kam nicht einmal mehr zu den Mahlzeiten, und die Mutter hatte längst alle Hoffnung aufgegeben.
Eines Tages jedoch – Aladin war inzwischen fünfzehn Jahre alt geworden – geschah etwas Wundersames: Er war mal wieder mit seinen Kumpanen in den Gassen unterwegs, da tauchte plötzlich ein maurischer Derwisch auf. Der blieb stehen, beobachtete die Jungen, und es schien, als hätte er besonders auf Aladin ein Auge geworfen.

Man kann es hier schon verraten: Der Mann war ein Fremder und stammte aus dem fernsten Westlande. Er war ein Zauberer, konnte mit seiner Kunst Berge versetzen und einen auf den anderen türmen, und zu alledem war er auch noch der Astrologie mächtig.

»Dieser Bursche da hinten ist der, den ich suche!« sprach der Derwisch leise zu sich. »Um genau ihn aufzuspüren, habe ich eine so lange Reise unternommen.«

Und dann nahm sich der Fremde heimlich einen von Aladins Freunden beiseite, schenkte ihm eine blinkende Münze und fragte ihn über Aladin und dessen Familie aus.

»Scher dich weg und halt ja den Mund«, sagte er, sobald er genug erfahren hatte.

Wenig später näherte sich der Derwisch Aladin selbst, zog ihn vertrauensvoll zu sich und fragte: »Sag mal, Junge, bist du nicht der Sohn des Schneiders Soundso?«

»Ja, der bin ich«, erwiderte Aladin. »Aber mein Vater ist längst tot.«

Wie der maurische Zauberer diese Worte vernahm, hing er sich an Aladins Hals, umarmte und küßte ihn und ließ die Tränen reichlich fließen.

»Was ist los? Was heulen Sie, mein Herr?« fragte Aladin verwirrt und starrte den Fremden an.

»Wie kannst du nur eine solche Frage stellen, mein Sohn, wenn du mir gerade eröffnet hast, daß dein Vater, der mein Bruder war, tot ist?« jammerte der Derwisch. »Ich habe mein fernes Land verlassen und diese Reise angetreten, um meinen Bruder endlich wiederzusehen und Trost bei ihm zu suchen. Ach, welche Enttäuschung! Welcher Schmerz! Dich als seinen Sohn

habe ich aufgespürt. Zu dir hat mich unser gemeinsam Blut geführt, obwohl ich deinen Vater zuletzt sah, als er noch nicht verheiratet war und du noch nicht geboren warst. Nun aber ist er uns entrissen, der Arme, und wir müssen es so nehmen, wie es Allah, der Erhabene, beschlossen hat.«

Dann griff der Derwisch in seine Tasche, umarmte Aladin abermals und drückte ihm zehn Dinare in die Hand:

»Nun bist nur noch du, mein Sohn, Trost für mich. Du bist an deines Vaters und meines Bruders Stelle getreten. Nimm dieses Geld und überreiche es deiner Mutter. Bestell ihr Grüße von deinem Oheim und kündige ihr an, ich würde morgen, so Allah will, sie und meines Bruders Grab besuchen.«

Aladin konnte kaum fassen, was soeben geschehen war. Voller Dankbarkeit küßte er die Hand des Mauren und eilte, so schnell er konnte, nach Hause.

»Rat mal, Mutter, von wem ich dir Grüße bestellen soll?!«

Aladins Mutter verstand weder die Frage, noch daß ihr nichtsnutziger Sohn so mitten am Tag bei ihr auftauchte.

»Stell dir vor, mein Oheim ist aus der Fremde hergereist!« rief Aladin aufgeregt.

»Dein Oheim?« rief die Mutter. »Willst du mich verspotten? Du hast überhaupt keinen Oheim.«

»Doch!« erregte sich Aladin. »Er hat es mir selbst gesagt. Er hatte echte Tränen in den Augen und hat mir zehn Dinare für uns geschenkt!«

»Zehn Dinare?« sagte Aladins Mutter verblüfft. »Das verstehe ich nicht. Zwar hattest du mal einen Oheim. Aber der ist schon lange tot. Und von einem zweiten ist mir nichts bekannt.«

Was auch immer dahinterstecken mochte – der maurische Zauberer war entschlossen, Aladin fortan nicht mehr aus den Augen zu lassen. Gleich am nächsten Morgen erschien er wieder an der Stelle, wo Aladin sich mit seinen Freunden herumtrieb. Dieses Mal kam er sofort auf ihn zu, ergriff ihn bei der Hand, umarmte und küßte ihn. Dann nahm er zwei Dinare aus seinem Beutel und sagte:

»Geh sogleich zu deiner Mutter und überreich ihr das Geld. Sag ihr, dein Oheim wünsche heute abend bei euch zu speisen.«

Aladin war ein weiteres Mal sprachlos.

»Und nun zeige mir noch den Weg zu euch nach Hause, auf daß ich ihn am Abend auch finde«, sprach der Derwisch und ließ sich von Aladin führen.

Als Aladin schon wieder zu so ungewohnter Zeit daheim erschien, war seine Mutter nicht wenig überrascht. Noch verblüffter aber war sie, als ihr Sohn von der neuerlichen Begegnung mit dem Oheim und dessen Auftrag erzählte.

»Ich kann es nicht fassen, ich kann es nicht fassen«, murmelte sie, ließ alle Arbeit liegen und eilte voller Aufregung aus dem Haus, um die nötigen Besorgungen zu machen. Auf dem Basar kaufte sie vom Feinsten fürs Essen ein. Von ihren Nachbarn lieh sie Schüsseln und anderes Geschirr. Und dann machte sie sich ans Anrichten, um den fremden Gast nicht zu enttäuschen.

Es wurde Abend, und – man glaube es oder nicht – pünktlich zur angegebenen Zeit klopfte es bei Aladin und seiner Mutter: Vor der Tür stand der Derwisch zusammen mit einem Diener, der der sprachlosen Hausfrau mit einer Verbeugung Wein und Früchte überreichte und anschließend gleich verschwand.

Der Maure aber trat ein, begann zu schluchzen und sagte unter Tränen: »Seid begrüßt, liebe Verwandte! Zeigt mir als erstes den Platz, an dem mein lieber Bruder zu sitzen pflegte.«

Aladins Mutter tat, wie ihr geheißen, und sah den Gast auf die Knie sinken und den Boden küssen, wo einst der Schneider seinen Platz hatte.

»Ach, wie traurig und armselig ist mein Geschick, seit ich dich, meinen teuren Bruder, nicht mehr gesehen habe!« rief er mit schmerzverzerrtem Gesicht.

So und ähnlich jammerte und klagte der Derwisch, bis Aladins Mutter auch nicht mehr den geringsten Zweifel haben mußte, daß es sich bei dem Gast um einen echten Schwager handelte. Ja, es kam sogar noch schlimmer: Vor lauter Weinen und Leiden wurde der Zauberer ohnmächtig, und Aladin und seine Mutter hatten alle Mühe, den armen Verwandten wieder aufzurichten.

»Was nützt es, wenn du dich hier zu Tode trauerst«, versuchte die gute Frau Trost zu spenden. »Setz dich an unseren bescheidenen Tisch und erzähle, wie es dich hierher verschlagen hat.«

Der Derwisch nahm Platz, und mit einem Mal ging es ihm viel besser. Er begann ohne Punkt und Komma zu reden und ließ Aladins Mutter nicht mal Gelegenheit, das Essen aufzutragen.

»Frau meines verstorbenen Bruders, wundere dich nicht, daß du mich in den ganzen Jahren deiner Ehe und danach nicht zu Gesicht bekommen hast! Vor vierzig Jahren schon habe ich dieses Land verlassen, um es erst in diesen Tagen wiederzusehen. Ich bin damals nach Hinter- und nach Vorderindien gereist. Ich durchstreifte ganz Arabien und lebte eine lange Zeit in der Hauptstadt Ägyptens. Schließlich machte ich mich auf den Weg in den fernsten Westen, wo ich die letzten dreißig Jahre weilte. Dann aber, vor geraumer Zeit, erfaßte mich die Sehnsucht nach meinem Bruder. Ich vergoß viele Tränen und machte mir Vorwürfe, ihn so ewig nicht gesehen zu haben. Nicht ohne Unruhe begab ich mich auf den Weg in das Land, in dem ich geboren ward und in dem ich meinen geliebten und verehrten Bruder wiederzutreffen hoffte. Mich bedrängte der Gedanke an den Tod, und ich flehte insgeheim, daß mir das erspart bliebe, was nun doch tragische Wirklichkeit geworden ist. Ich machte mir auch Sorgen, der, mit dem mich gemeinsames Blut verbindet, könne vielleicht Armut leiden, während ich – Allah sei Dank – in Wohlstand und Reichtum leben darf. So brach ich nach einem langen Freitagsgebet zu dieser strapazenreichen Reise auf. Ich nahm alle Mühsal, alle Entbehrungen gerne auf mich, um endlich hier in eure Nähe zu kommen. Und als ich vorgestern müde und erschöpft durch die Straßen eurer Stadt zog, da trieb es mich unwiderstehlich an die Stelle, wo meines Bruders Sohn auf mich wartete. Sein Blut ist auch mein Blut, und es war wie ein Sog, dem man sich nicht widersetzen kann. Ich spürte es sofort in meinem Herzen: Dieser nur kann es sein! Verflogen waren alle Mühsal und alle Entbehrungen der Reise… endlich konnte ich einen von denen in meine Arme schließen, die ich zu treffen gehofft hatte! Wie schrecklich, wie grausam aber traf mich sogleich die Nachricht vom Tod meines Bruders! Aladin wird dir, liebe Schwägerin, berichtet haben, wie ich vor Kummer darniedersank. Bis jetzt habe ich mich von diesem Leid noch nicht erholt. Und wäre nicht Aladin… ich weiß nicht, was ich mir antun müßte. Er ist nun an die Stelle des Entschlafenen getreten, und ich kann getrost sagen: Wer Nachkommen hinterläßt, der ist eigentlich nicht tot.«

Nach diesen Worten schwieg der Derwisch. Und nicht ohne Befriedigung sah er, wie die Mutter in Tränen ausbrach und Trost bei Aladin suchte. Eine Zeitlang ließ der Zauberer sie gewähren, dann wandte er sich an den Jungen:

»Mein Sohn! Berichte mir, welches Handwerk du erlernt hast, um deine Mutter und dich zu ernähren!«

Aladin wurde sehr verlegen. Er vermied es, seinen vermeintlichen Oheim anzublicken.

»Bei Allah, was soll er auf diese Frage antworten?« mischte sich die Mutter mit betrübtem Gesicht ein. »Aladin ist als Tunichtgut geboren, und er ist es geblieben. Er tut nichts anderes, als sich mit seinesgleichen im Viertel herumzutreiben. Ich muß es so sagen: Sein Vater starb aus Kummer über diesen seinen Sohn. Und auch von mir kann ich nur Trauriges berichten. Ich lebe im Elend, ich spinne mühevoll Tag und Nacht Baumwolle, damit wir uns ein paar Laibe Brot leisten können. So und nicht anders steht es um uns, lieber Schwager. Und ich will auch nicht verschweigen, welche Gedanken ich gehabt habe. Ich wollte meinem Sohn schon nicht mehr die Tür öffnen, denn er kommt nur noch, um sich hier satt zu essen. Ich bin eine alte Frau. Ich habe kaum noch die Kraft, für unser beider Fortkommen zu sorgen. Ich bräuchte dringend jemanden, der uns ernährt.«

Nach diesen Klageworten wandte sich der Derwisch an Aladin: »Wieso läßt du, mein Sohn, deine Mutter so darben? Weshalb bringst du über dich und deine ehrbare Familie eine solche Schande? Du bist alt genug, um einen anständigen Beruf zu ergreifen!« Aladin schwieg und vermied es erneut, den Derwisch anzugucken.

»Such dir gefälligst ein Handwerk aus, welches dir Spaß macht!« fuhr der Maure in seiner Rede fort, als Aladin nichts sagte. »Es muß ja nicht der Beruf deines Vaters sein. Aber es soll eine Zunft sein, in der du es zu etwas bringst. Ich werde dir helfen, einen Lehrmeister zu finden.«

Auch nach diesen Worten schwieg Aladin, und der Derwisch erkannte, daß dem Jungen so nicht beizukommen war.

»Willst du etwas ganz anderes lernen?« fragte er ihn nach einiger Überlegung. »Soll ich dir einen Kaufmannsladen eröffnen, in dem du kostbare Stoffe und anderes teures Gut verkaufen kannst? Möchtest du lieber auf diese Weise zu Geld und Ansehen kommen?«

Bei solchen Worten hellte sich Aladins Miene umgehend auf. Er nickte heftig mit dem Kopf und strahlte den Derwisch an.

»Gut, dann soll es so sein«, bemerkte der Maure zufrieden. »Morgen werden wir zuallererst auf den Basar gehen und dir einen feinen, deinem zukünftigen Beruf angemessenen Anzug schneidern lassen. Danach werde ich mein Versprechen einlösen und dir einen Laden suchen.«

Aladin fand vor lauter Glück keine Worte, und seine Mutter war ebenfalls zutiefst gerührt. Nun waren auch mit einem Schlag die letzten Zweifel an der Ehrlichkeit des Besuchers, die noch tief in ihrem Herzen rumort hatten, verschwunden. Sie lief, um endlich das Abendessen aufzutragen, während sich Aladin und der maurische Zauberer über die Besonderheiten des Kaufmannsberufes unterhielten.

Es ist gewiß nicht verwunderlich, daß Aladin in der darauffolgenden Nacht kaum ein Auge zubekam. Bis spät in den Abend hinein war der seltsame Besucher geblieben, und schon früh am nächsten Morgen stand er erneut vor der Tür, um seinen Neffen abzuholen.
Aladin wünschte seinem Oheim einen guten Tag, küßte ihm die Hand und begleitete ihn, wie verabredet, zum Basar. Dort betrat der Derwisch einen Tuchladen und sagte:
»Mein Sohn, wähle aus, was dir gefällt!«
Aladin konnte es kaum fassen, aber als er einige Zeit später den Laden verließ, war er Besitzer eines besonders teuren und gut sitzenden Anzugs und verschiedener anderer Kleidungsstücke, die nur Reiche zu tragen pflegen.

Als nächstes wurde er von seinem Oheim in ein Badehaus geführt. Nachdem man dort ein wohltuendes Bad genommen hatte, trank man in der Halle gemeinsam einen Sorbett, einen wohlschmeckenden Fruchtsaft mit Eis. Und anschließend durfte Aladin seine neue Kleidung anlegen.

»So, mein Sohn«, erklärte der Derwisch, »nun bist du würdig, mit den reichen Kaufherren zu verkehren.«

Und sogleich nahm er seinen Neffen bei der Hand, um ihn auf dem Basar mit denjenigen bekannt zu machen, die ihn zukünftig das Kaufmanns- und Händlergewerbe lehren sollten.

Danach war Mittagszeit, und der Zauberer führte Aladin in den Laden eines Garkochs.

»Labe dich nach Herzenslust, mein Sohn«, sprach der Derwisch und ließ wohlriechende Speisen in silbernen Schüsseln servieren.

Gemeinsam aßen und tranken sie vom Feinsten und begaben sich dann gestärkt dorthin, wo in der Stadt die großen Lustgärten angelegt waren, wo die Moscheen standen und wo man das Schloß des Sultans besichtigen konnte.

Aladin hatte in seinem ganzen Leben diese Plätze noch nicht betreten, und er kam aus dem Staunen nicht heraus. Mit großen Augen nahm er die neuen Dinge in sich auf und wußte nicht, wie er dem Oheim seinen Dank bekunden sollte.

Es wurde Abend, und der Derwisch sagte: »Nun werde ich dir noch zeigen, wo ich nächtige.«

Sodann führte er Aladin in eine Herberge, wo er gemeinsam mit vielen fremden Kaufleuten Unterkunft gefunden hatte. Erneut wurde eine Mahlzeit serviert, und der Maure stellte Aladin all den fremden Herren vor.

Schließlich war es schon Nacht, als der Derwisch Aladin zu seiner Mutter brachte. Vor lauter Staunen über das fremde Aussehen ihres Sohnes brach sie in Tränen aus und dankte dem Mauren mit überschwenglichen Worten:

»Nie werde ich dir, verehrter Schwager, angemessen Dank aussprechen können für das, was du an Güte für meinen Sohn aufbringst.«

Der Derwisch versuchte, solche und ähnliche Worte von sich zu weisen: »Frau meines Bruders, sieh doch, wie es ist: Aladin ist jetzt mein Sohn. Ich bin nur für meinen Bruder eingetreten und tue nichts anderes als meine Pflicht. Es ist das Selbstverständlichste auf der Welt.«

Aber Aladins Mutter mochte noch immer die Großzügigkeiten des Derwischs nicht so einfach hinnehmen: »Ich werde zu Allah beten, damit er dich behüte und erhalte, mein Schwager. Du sollst meinem Sohn eine ewig beschützende Hand sein, und er soll dich achten und dir stets gehorchen, was auch immer du von ihm verlangst!«

»Darum mache dir keine Sorgen, geliebte Schwägerin!« erklärte der Derwisch salbungsvoll. »Aladin ist von trefflichen Eltern und nun schon reif und verständig. Er wird seinen Weg gehen, und morgen werde ich ihn, mit deiner Zustimmung, abholen, auf daß ich ihm die Gärten und Lustplätze draußen vor der Stadt zeige. Dort werde ich ihn einigen Vornehmen und Kaufleuten vorstellen. Und am darauffolgenden Tag werde ich mein Versprechen erfüllen und mich nach einem Laden für Aladin umsehen.«

Mit diesen Worten verabschiedete sich der maurische Zauberer und wünschte Aladin und seiner Mutter eine gute Nacht.

Niemanden kann es überraschen, daß Aladin auch in der folgenden Nacht keinen Schlaf fand. Vor seinen Augen liefen noch einmal all die Erlebnisse ab, die er zusammen mit seinem Oheim gehabt hatte. Und zugleich konnte er kaum erwarten, was ihm am nächsten Tag bevorstand.

»Heute werde ich dir zeigen, was alle deine bisherigen Eindrücke und Vorstellungen übertreffen wird!« begrüßte der Derwisch seinen Neffen am nächsten Morgen und ließ sich von ihm umarmen und küssen. Daraufhin verabschiedeten sie sich von der Mutter, und der Derwisch schlug vor, die Stadt auf dem kürzesten Weg zu verlassen:

»Es wartet auf dich eine große Überraschung! Du mußt mir nur willig folgen.«

Aladin war mit allem einverstanden. Mit noch größeren Augen als am Vortag ließ er sich durch riesige Lustgärten führen, sah kunstvoll gestaltete Statuen und Springbrunnen, farbenprächtige Blumenbeete und von alledem so viel, daß er bald ganz erschöpft war.

»Lieber Oheim«, wagte er zu sagen, »ich vermag bald nichts mehr anzuschauen. Können wir nicht langsam umkehren und irgendwo eine Stärkung zu uns nehmen?«

»Letzteres kann ich dir sogleich anbieten«, erklärte der Derwisch. »Aber danach haben wir noch etwas Besonderes vor. Sieh dort hinten den Berg! Den werden wir ersteigen und einen Garten besuchen, den selbst Könige nicht ihr eigen nennen können.«

Aladin wagte nicht zu widersprechen. Hungrig machte er sich über den Proviant her, den sein Onkel in einem Beutel bei sich getragen hatte. Und als der Derwisch zum Aufbruch mahnte und sagte: »Oben auf dem Berg werde ich dir Dinge zeigen, die kein Sterblicher dieser Welt je zu Gesicht bekommen hat!« – da wurde Aladin sehr neugierig, und seine Müdigkeit war mit einem Mal verflogen.

Zügig und ohne weitere Pause ließen die beiden die Gärten und Parks hinter sich und kamen in ein Gebiet, wo es bald keine ausgetretenen Pfade mehr gab und wo es so aussah, als hätte keine Menschenseele es je betreten. Um die Zeit des Aufstiegs zu verkürzen, erzählte der Derwisch seltsame Geschichten, bei denen Aladin bald nicht mehr wußte, ob sie wahr oder erfunden waren. Und ehe er sich recht versah, hatten sie den Berg erklommen und erreichten einen Platz, an dem Aladin sich so seltsam und beklommen fühlte wie nie zuvor in seinem Leben.

»Ruhe dich erst ein wenig aus, mein Sohn«, sprach der Derwisch. »Und erst wenn du dich erholt und gekräftigt fühlst, gehe und sammle Brennholz und trockenes Reisig. Danach werde ich dir verraten, welches Wunder dir bevorsteht.«

Aladin tat, wie ihm geheißen, und er konnte es kaum abwarten, bis der Derwisch sein Geheimnis lüften würde.

Doch zunächst geschah etwas, das Aladin den größten Schrecken seines Lebens einjagte: Der Derwisch hatte mit dem Brennmaterial eine Feuerstelle hergerichtet, hatte aus seiner Tasche eine Schachtel mit Weihrauch hervorgeholt und das Ganze angezündet.

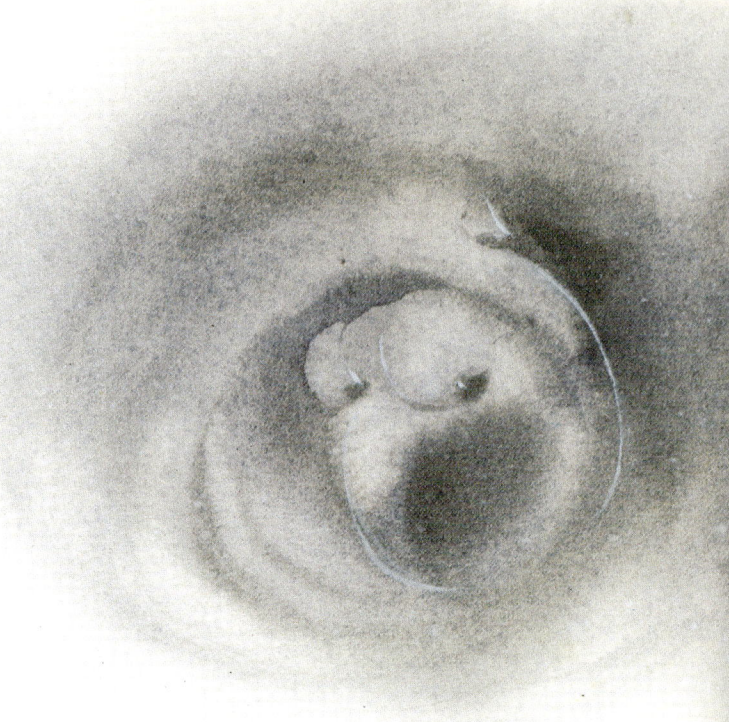

Sodann begann er seltsame Worte zu murmeln und sich zu gebärden wie ein echter Zauberer. Er räucherte und redete und stieß Beschwörungen aus.

Mit einem Mal wurde es finster. Es bebte und donnerte, und vor Aladins Augen tat sich der Erdboden auf …

Zu Tode erschrocken sprang Aladin auf und wollte davonrennen. Doch da wurde der Zauberer fürchterlich zornig. Er trat ihm in den Weg und schlug ihn so kräftig vor den Kopf, daß Aladin ohnmächtig niederstürzte. Erst nach einigen weiteren Zauberformeln schlug der Arme seine Augen wieder auf und blickte ganz verstört in das Angesicht seines angeblichen Oheims.

»Gehorch mir in allem, was ich dir sage, mein Sohn!« sagte der. »Ich werde dich nicht nur zum Mann machen. Ich werde dich auch reicher machen als alle Könige. Sieh, was sich hier vor dir

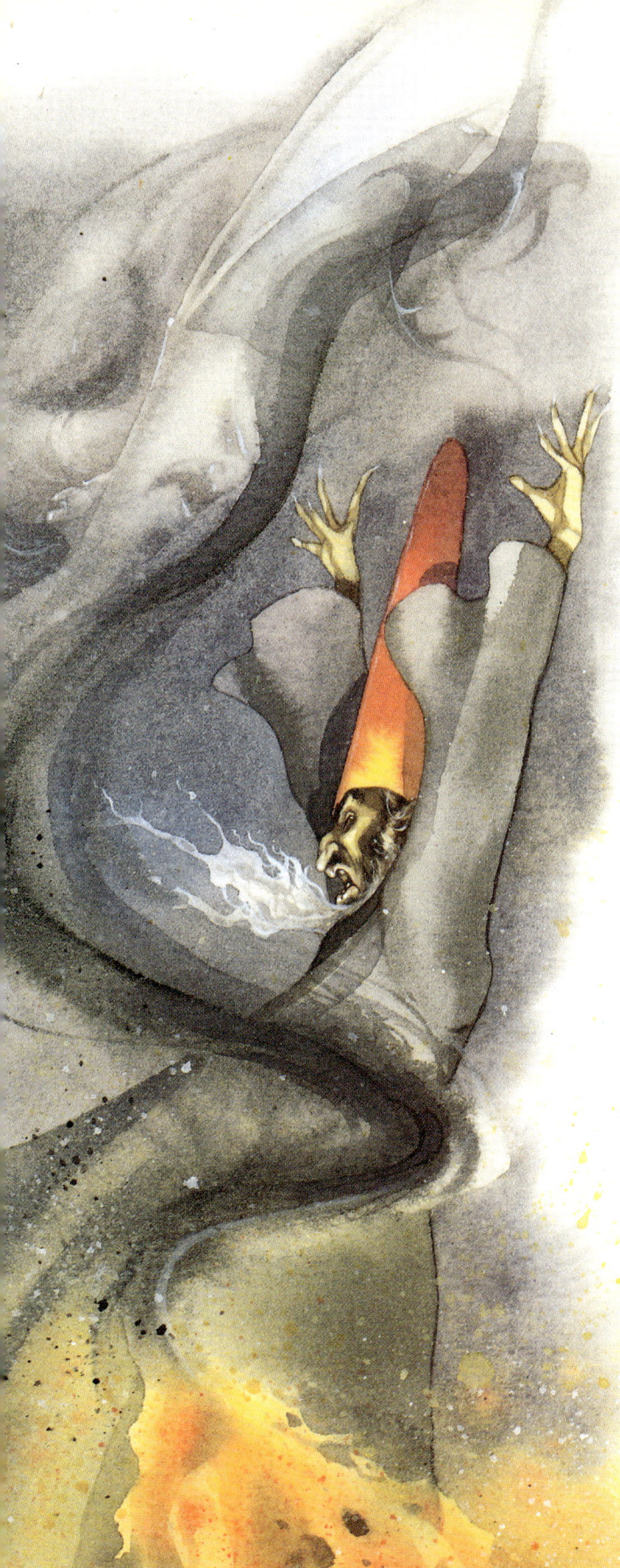

aufgetan hat! Unter dieser Marmorplatte verbirgt sich ein Schatz, der auf deinen Namen lautet«, erklärte er dem fassungslosen Aladin. »Lege deine Hand in den Messingring und hebe die Platte! Nur du allein vermagst das zu tun. Niemand außer dir darf die darunter verborgene Schatzkammer betreten. Das, was du finden wirst, ist gewaltig und übertrifft alles Vorstellbare. Es gehört alles dir und mir. Einzige Bedingung ist, daß du jedes Wort, jede Silbe von mir befolgst!« Aladin war überwältigt von dem, was der Zauberer ihm verkündet hatte.

»Lieber Oheim«, sagte er schließlich, »ich gehorche all deinen Befehlen.«

Da trat der Zauberer zu Aladin, küßte ihn und sagte weihevoll: »Ach, Sohn meines Bruders! Du bist mir näher, als mir je ein leiblicher Sohn nahe sein könnte! Du sollst mein Erbe und Nachfolger sein. Nun tu, was ich dir befohlen habe!«

Mit klopfendem Herzen trat Aladin an die Marmorplatte und versuchte, sie zu heben. »Sie ist zu schwer«, sagte er enttäuscht. »Du mußt mir helfen, Oheim!«

»Ich habe dir doch erklärt: Nur du darfst es tun!« sagte der Zauberer ungehalten. »Sprich deinen Namen und die deiner Eltern, wenn du den Griff in deiner Hand spürst, und du wirst sehen, wie es Wunder tut.«

Aladin gehorchte, und tatsächlich ließ sich die Platte ohne Mühe heben, und ein unterirdischer Gang tat sich auf. Zwölf Steinstufen führten in die Tiefe, in der sich Rätselhaftes, Unheimliches, verbarg.

»Hier nun mußt du hinabsteigen, mein Sohn«, erklärte der Zauberer.

»Du wirst in eine Halle kommen, die in vier Räume geteilt ist. In jedem wirst du vier goldene Krüge und viele Reichtümer mehr finden. Nichts von dem darfst du anfassen. Nicht einmal deine Kleider dürfen mit diesen Dingen oder den Wänden in Berührung kommen. Falls du meine Warnungen nicht befolgst, wirst du augenblicklich zu einem schwarzen Stein werden. Deshalb tu alles so, wie ich dir sage: Geh zu der Tür, die du in dem vierten Raum findest, und sprich erneut deinen und deiner Eltern Namen. Auch diese Tür wird sich dann auf wundersame Weise öffnen, und du wirst in einen Garten voller üppig behängter Bäume kommen. Vor dir wird sich ein Saal auftun, zu dem eine Treppe mit dreißig Stufen führt. Wenn du diese beschritten hast, wirst du eine Lampe sehen, die von der Decke herabhängt. Diese mußt du abnehmen, das Öl ausgießen und sie dann unter deinen Kleidern verbergen. Danach darfst du den Rückweg antreten und dich an allem bedienen, was dich anlächelt oder dir in die Augen sticht. Erst wenn und solange du die Lampe bei dir trägst, geht all dies in deinen Besitz über.«

Der Zauberer unterbrach seine Rede, zog einen Siegelring von seinem Finger und streifte ihn über Aladins Mittelfinger.

»Dieser Ring wird dich unter der Bedingung, daß du all meine Worte aufs genaueste befolgst, aus jeder Not und Gefahr retten. Nun weißt du alles und bist gewappnet. Habe keine Furcht mehr, steige hinab und tue alles, was ich dir aufgetragen habe! Danach wirst du in kürzester Zeit zum reichsten Mann der Welt werden!«

Aladin war so beeindruckt, daß ihm kein Wort über die Lippen wollte. Mit pochendem Herzen tat er die ersten Schritte hinab in das Dunkel, welches so unermeßliche Reichtümer beherbergen sollte. Und nicht weniger erregt beobachtete der Zauberer, wie sein Zögling in der Tiefe verschwand.

Man wagt es kaum zu schildern: Aber das, was Aladin in der nächsten Stunde erwartete, übertraf noch bei weitem die Kostbarkeiten, die der Derwisch ihm geschildert hatte! Der Weg verlief genau so, wie Aladin ihn sich gemerkt hatte. All das, was rechts und links von ihm hing und stand, war so verlockend und verführerisch, daß Aladin seinen ganzen Willen aufbringen mußte, um sich nicht sogleich die Taschen prall mit Silber, Gold und Edelsteinen zu füllen. Immer wieder sagte er sich den Satz: »Erst wenn und solange du die Lampe bei dir trägst, geht alles in deinen Besitz über.«

Und dann war es endlich soweit!
Aladin hatte die dreißig Stufen erklommen, und er stand in dem Saal mit der Lampe. Er betrachtete sie eine Zeitlang und konnte nichts Besonderes an ihr finden. Dann löschte er sie, wie ihm der Zauberer befohlen hatte, goß das Öl aus und verbarg sie unter seinen Kleidern. Und erst jetzt fühlte er sich etwas befreiter, um in aller Ruhe die Pracht rundum auf sich wirken zu lassen. Und plötzlich sah Aladin, welche unermeßlichen Reichtümer in Reichweite vor ihm waren. Die Bäume, die er sich nun genauer ansah, waren nicht mit Früchten behangen, sondern jeder mit andersfarbigen Edelsteinen, die Aladin erst einmal für buntes Glas hielt.
Von denen möchte ich mir eine Sammlung mitnehmen! beschloß er. Und er ahnte nicht, daß er sich die Taschen mit echten Smaragden, Diamanten und anderen Juwelen füllte. Er nahm sich, so viel er auch nur eben tragen konnte, und als er in die Räume mit den Goldkrügen kam, beachtete er sie überhaupt nicht, weil er so glücklich über die Menge von bunt schillernden und glitzernden Steinen war.
So kam er schwer bepackt zu dem Raum, von dem aus es hinauf zum Ausgang ging. Nur mühsam konnte Aladin die steilen Stufen erklimmen, und als er es fast schon geschafft hatte, verließen ihn die Kräfte.
»Oheim!« rief er, »reich mir bitte deine Hand, damit ich die letzte Stufe zu dir heraufkomme!«
»Reich mir die Lampe hoch, mein Sohn«, rief der Zauberer, »dann ist dir gleich leichter ...«
»Oheim, es ist nicht die Lampe, die so schwer ist«, keuchte Aladin. »Es sind die vielen Steine ...«

»Gib mir erst die Lampe, dann helf ich dir hoch!« rief der Zauberer ungehalten.
Aladin, der nichts Böses ahnte, versuchte, an die Lampe zu kommen, die er, wie befohlen, als erstes unter seinen Kleidern verborgen hatte. Da er aber rundum beschwert und bepackt von den vielen Edelsteinen war, wollte es ihm nicht gelingen.
»Ich schaff es nicht«, stöhnte er. »Hilf mir erst hoch, dann geb ich sie dir sofort.«
»Ich will die Lampe!« schrie der Zauberer jetzt ganz außer sich und machte keine Anstalten, Aladin zu helfen.
»Ich will sie dir ja geben, aber ich kann nicht …« jammerte Aladin erschöpft und sah hilfesuchend nach oben.
So gingen die Worte noch ein paarmal hin und her, bis der Zauberer merkte, daß Aladin ihm nicht gehorchen wollte. Rasend vor Wut wandte er sich dem Feuer zu, warf Weihrauch hinein und stieß fürchterliche Beschwörungen aus. Da begann die Marmorplatte sich plötzlich wie von Geisterhand zu bewegen, und so, wie sie sich zuvor durch die Macht des Zaubers hatte heben lassen, so bedeckte sie jetzt die Öffnung und begrub Aladin unter sich in der Tiefe.

Wer es zuvor schon geahnt hat, der sieht es nun auf schreckliche Art bestätigt: Der angebliche Oheim Aladins war nichts anderes als ein gemeiner Betrüger! Er war eigens aus dem fernsten Westen von Afrika angereist, wo er seit seiner Jugend die Kunst der Zauberei und die Wissenschaft von den Geistern gelernt hatte. Dank seiner Begabung war ihm irgendwann eingeflüstert worden, in der Nähe einer bestimmten Stadt Chinas sei ein Schatz von unermeßlichem Wert verborgen. Mehr noch: Bei diesem Schatz sei auch eine Wunderlampe zu finden, deren Besitzer Macht über die größten Reichtümer, die man sich vorstellen kann, erhalten würde. Sonderbarerweise gäbe es aber nur einen einzigen Menschen auf der Welt, der Zugang zu der Lampe haben könne. Dank seines Namens Aladin vermöge er das geheime Verlies zu öffnen und die Wunderlampe ans Licht der Erde zu holen. Dieser Junge sei von armer Herkunft, wohne in der Stadt nahe des Schatzes und sei willig, eine solche Tat zu vollbringen.
Nachdem der maurische Zauberer von diesen Dingen auf so wundersame Weise erfahren hatte, war er natürlich auf der Stelle nach China aufgebrochen. Und wie wir schon wissen, hatte ihn sein unheimliches Gespür tatsächlich zu Aladin geführt. Und nachdem er ihn mit den schäbigsten Tricks bis zur Schatzhöhle gebracht hatte, schien auch alles nach Plan zu laufen. Nun aber, wo er den Jungen nicht hatte überreden können, die Lampe herauszurücken, gab es für den falschen Oheim nur noch einen Gedanken: Rache! Zur Strafe für seinen Ungehorsam soll Aladin in der unterirdischen Höhle eines grausamen Todes sterben!

Wie man sich denken kann, war das, was Aladin soeben passiert war, das Schlimmste für ihn, was er je erlebt hatte. Verzweifelt stand er in der plötzlich stockdunklen Höhle und rief ein ums andere Mal nach seinem vermeintlichen Oheim. Schließlich begann er zu weinen, und langsam schlich sich die Gewißheit in sein Herz: »Dieser Mann ist überhaupt nicht mein Verwandter! Er ist ein übler und verlogener Betrüger, der Unheil über mich und meine Mutter bringen will!« Und zugleich wurde Aladin klar: »Dieser Kerl wird mich hier unten sterben lassen und ist gewiß längst über alle Berge …«

Wie recht Aladin hatte! Die letzte Tat des maurischen Zauberers war, den armen Jungen mit seiner Schwarzen Kunst in die tiefste, schwärzeste Dunkelheit einzuschließen und ihm alle Auswege zu versperren. Er selbst hatte sich schleunigst aus dem Staub gemacht, um möglichst unbemerkt und auf kürzestem Weg zurück ins ferne Afrika zu fliehen.

»Wenn es noch eine Hoffnung gibt«, dachte sich jetzt Aladin, »so kommt sie von Allah, dem Mächtigen und Erhabenen …«

Aber sosehr er auch klagte und weinte – alles Bitten und Flehen schien vergebens. Selbst die Tür zu der großen Halle war nun versperrt. Kein einziger Ausweg tat sich mehr auf.

Tieftraurig ließ sich Aladin auf eine der Treppenstufen sinken. Tränen rannen ihm die Wangen hinunter. Und nichts, wirklich gar nichts konnte ihm auch nur den Hauch einer Hoffnung bringen …

So saß er eine ganze Zeit und dachte noch einmal über all das nach, was über ihn gekommen war. »Ein allerletztes Mal will ich es versuchen!« dachte sich Aladin. Verzweifelt stand er auf und rief in die Dunkelheit, beschwor Allah um Beistand und rang die Hände …

Da berührte er, scheinbar zufällig, mit der einen Hand den Siegelring des Zauberers an seiner anderen Hand, und im gleichen Moment stand, wie aus dem Nichts kommend, ein Geist von furchterregendem Aussehen vor ihm!

Aladin erschrak bis ins Mark.

»Zu Diensten!« sprach der Geist. »Derjenige, der den Siegelring an seiner Hand trägt, ist mein Herr, und ich bin sein Diener.«
Aladin war keines Wortes fähig.
»Fordere, was du willst!« sprach der Geist. »Ich bin Sklave meines Herrn und stehe zu seiner Verfügung.«
Obzwar der Geist nicht gerade vertrauenerweckend aussah, faßte Aladin ein wenig Mut, und er dachte auch an die Worte, die der Zauberer bei Überreichung des Ringes gesprochen hatte.
»Du Diener vom Herrn dieses Ringes«, versuchte er mit möglichst fester Stimme zu sagen, »ich möchte, daß du mich an die Oberfläche der Erde zurückbringst!«
Im selben Augenblick – Aladin hatte kaum diese Worte ausgesprochen – tat sich über ihm die Erde auf, und er befand sich … im Freien!

Das Tageslicht blendete ihn, die frische Luft betäubte ihn fast, und die Freude über die Rettung war überwältigend. Kein Wunder, wenn Aladin einige Zeit brauchte, um sich zurechtzufinden. Vergeblich hielt er Ausschau nach dem Eingang zur Schatzhöhle. Selbst die Marmorplatte mit dem Messinggriff war verschwunden, und Aladin wähnte sich schon an einem ganz anderen Platz. Da aber entdeckte er die Feuerstelle mit dem Holz und dem Reisig, und er wußte, daß es die Zauberkraft des Mauren gewesen war, die ihn den Eingang zur Höhle hatte sehen lassen.

Keinen Augenblick länger hielt es Aladin an diesem Ort, und voller Sehnsucht ging sein Blick in die Ferne, wo er am Horizont seine Heimatstadt sah.

Unendlich glücklich über seine Rettung sprach Aladin jetzt Allah seinen Dank aus, dann machte er sich auf den Heimweg.

Muß man schildern, welches Übermaß an Freude Aladins Mutter empfand, als ihr Sohn zwar müde und völlig erschöpft, aber leibhaftig wieder vor ihrer Tür stand?

Auch Aladin war zutiefst von Wohlgefühlen für seine Mutter erfaßt. Da er aber seit Ewigkeiten nichts gegessen hatte, sank er vor ihr auf den Boden und wurde auf der Stelle ohnmächtig.

»Mein Sohn, um Himmels willen!« rief die Mutter erschrocken. Tief besorgt eilte sie davon und holte Rosenwasser, um Aladin damit zu besprengen. Da sich der Junge aber nicht rühren wollte, lief die Mutter zu ihrem Nachbarn und bat um wohlriechende Duftwasser. Erst als sie diese Aladin unter die Nase hielt, kam er langsam wieder zu Bewußtsein und bat mit schwacher Stimme um etwas zu essen und zu trinken.

»Stärke dich, mein Junge!« sprach die Mutter. »Erst wenn du dich gesättigt hast, mußt du mir erzählen, was dir widerfahren ist.«

Aladin tat, wie ihm geheißen. Und die Mutter harrte voller Neugierde dessen, was der Sohn ihr zu berichten hatte:
»Weißt du, daß ich dem Tod ins Auge geschaut habe, liebe Mutter?« begann Aladin seine Erzählung. »Deine Schuld ist es, denn du hast mich der Obhut dieses Oheims überlassen. Er hatte nichts anderes im Kopf, als mich sterben zu lassen. Nur Allah, dem Erhabenen, verdanke ich, nicht elendiglich zu Grunde gegangen zu sein.«
Die Mutter lauschte atemlos dem, was Aladin ihr da berichtete.
»Dieser angebliche Oheim hat dich und mich betrogen! Er ist nicht der Bruder meines Vaters, sondern ein maurischer Zauberer!«
»Was sagst du da?« unterbrach ihn die Mutter entsetzt.
»Er ist ein übler Heuchler, der dich und mich angelogen hat. All seine Versprechen sind Schall und Rauch. Hör zu, was mir passiert ist!«

Nun erzählte Aladin von Anfang an seinen Ausflug mit dem vermeintlichen Oheim … von dem anstrengenden Weg auf den Berg, dem Feuerzauber und der Marmorplatte. Von dem Abstieg in die fantastische Unterwelt mit ihren Goldschätzen und all den anderen Herrlichkeiten. Von der Lampe und den wunderschönen Steinen. Von dem vergeblichen Versuch, aus der Höhle wieder herauszukommen, dem Wutanfall des Zauberers, dem fürchterlichen Moment, als sich der Höhleneingang scheinbar für immer verschloß. Und schließlich von dem wundersamen, rettenden Auftritt des Ring-Geistes …
Die Mutter lauschte der Erzählung, ohne Aladin auch nur ein einziges Mal zu unterbrechen. Und selbst als ihr Sohn die Lampe unter seinem Gewand hervorholte und auf den Tisch stellte und dann auch noch den glitzernden und bunt schillernden Inhalt seiner Taschen vor ihr ausbreitete, war sie kaum eines Wortes fähig. Auch sie bemerkte nicht, daß es sich bei den Steinen nicht um schönes, farbiges und kunstvoll geschliffenes Glas, sondern um reine, echte Edelsteine handelte. Sie schenkte dem unermeßlichen Schatz, der da vor ihr lag, kaum einen Blick. Auch die Lampe war ihr keiner Beachtung wert. Vielmehr wiederholte sie genau das, was Aladin zuvor gesagt hatte: »Ja, du hast vollkommen recht, mein lieber Sohn! Dieser Mensch ist ein Ungläubiger und ein Heuchler. Er hat mich auf das schändlichste belogen und hätte dich, wenn Allah nicht seine schützende Hand über dich gehalten hätte, ohne Skrupel sterben lassen.«
So endete das Gespräch zwischen den beiden. Und danach hatte Aladin nur noch einen Wunsch: schlafen, schlafen, schlafen …

Die Sonne stand schon hoch am Himmel, als Aladin am nächsten Tag erwachte. »Ich brauche sofort etwas zu essen«, sagte er zu seiner Mutter, »ich habe einen Riesenhunger!«

»Mein lieber Sohn«, erwiderte diese mit trauriger Miene, »ich hab dir gestern alles gegeben, was ich noch im Haus hatte. Gedulde dich, bis ich auf dem Basar war. Ich hab noch ein wenig Garn, das ich gesponnen habe. Das werde ich verkaufen und uns dafür zu essen kaufen.«

»Nein, laß das. Ich habe eine bessere Idee«, sagte Aladin. »Ich verkaufe lieber die Lampe, die ich mitgebracht habe. Dafür bekomme ich mehr als du für dein bißchen Garn.«

Die Mutter war einverstanden und holte die Lampe, damit Aladin sie gleich auf dem Basar versetzen konnte. Als sie aber sah, wie schmutzig sie war, sagte sie: »Warte, mein Sohn! Ich werde sie vorher putzen. Dann kannst du sie sicher teurer verkaufen.«

Und sogleich holte sie Putzsand und einen Lappen und begann, die Lampe kräftig zu scheuern. Doch kaum hatte sie ein paar Stellen der Lampe gerieben, geschah Ungeheuerliches:

Ein riesiger Dämon von wahrhaft schauerlichem Aussehen erschien und rief:

»Was willst du von mir? Sprich!«

Bevor die Mutter oder Aladin auch nur eines Wortes fähig waren, redete die unheimliche Erscheinung weiter: »Ich bin der Geist dieser Lampe und Diener desjenigen, der sie in Händen hält. Ich frage dich noch einmal: Was willst du?«

Aladins Mutter war zu Tode erschrocken, und ihre Zunge war wie gelähmt.

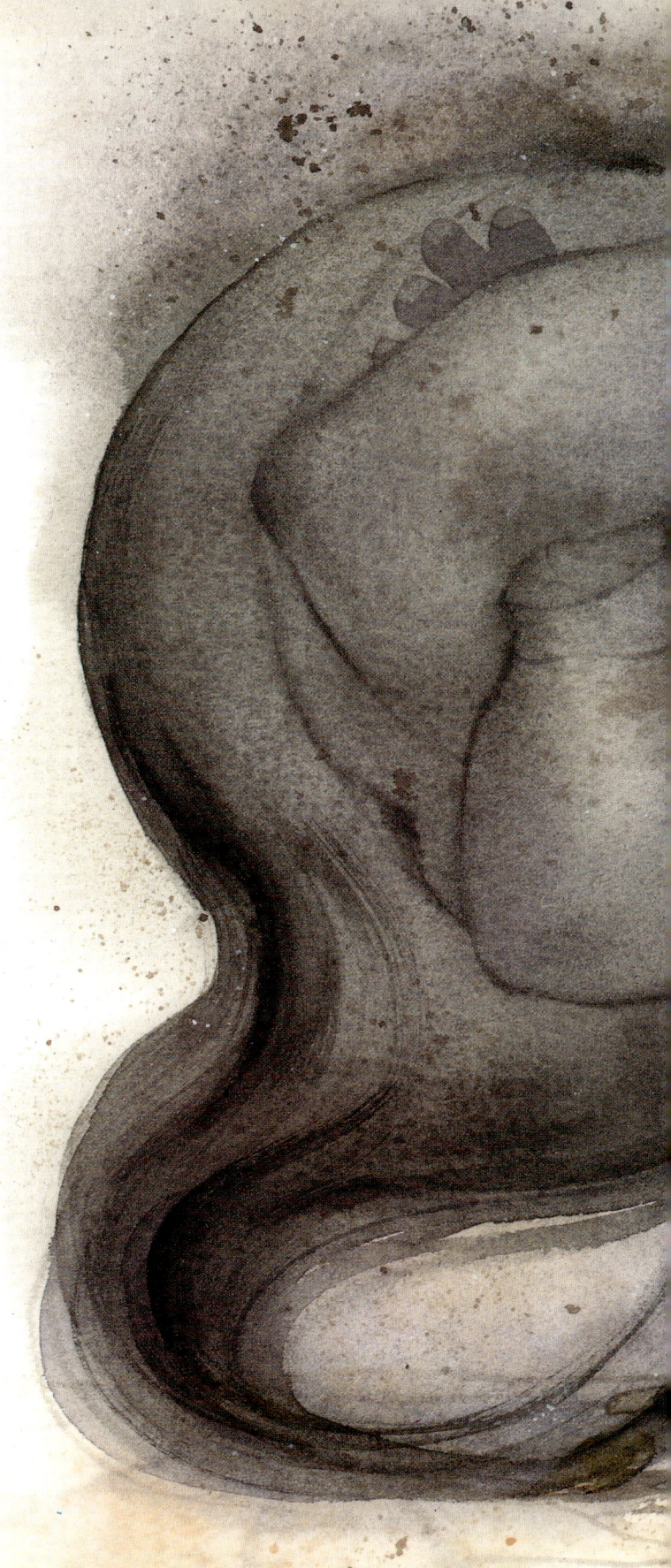

Sie starrte den schrecklichen Dämon an, ihr wurde schwarz vor Augen, und sie fiel ihn Ohnmacht. Da eilte Aladin hinzu, nahm ihr die Lampe aus der Hand und rief:
»O du Geist dieser Lampe! O du mein Diener! Ich bin hungrig und wünsche mir etwas zu essen. Es soll etwas besonders Leckeres und Feines sein!«

Augenblicklich war der Dämon verschwunden. Doch ehe Aladin sich groß besinnen konnte, erschien er schon wieder, indem er einen großen reich verzierten Tisch aus Silber brachte. Der war beladen mit Kostbarkeiten, wie Aladin sie bisher nur einmal gesehen hatte: zwölf goldene Schüsseln mit den auserlesensten Speisen, zwei silberne Becher, zwei Flaschen des besten Weines und dazu frisch gebackenes, wohlriechendes Brot. Bevor Aladin ein Wort des Dankes sagen konnte, war der Geist schon wieder verschwunden.

»Liebe Mutter!« rief Aladin. »Guck, was Allah, der Erhabene, uns gespendet hat!«

Da aber die Mutter ihre Augen immer noch nicht aufschlagen wollte, holte Aladin eilends das Rosenwasser und die Duftflaschen herbei. Er besprengte seine Mutter mit dem Wasser und ließ sie an den Ölen riechen. Und nach einer Weile öffnete sie auch wirklich wieder die Augen und wollte nicht glauben, was sich ihr darbot.

»Das muß der Sultan gewesen sein«, sagte sie noch ganz benommen. »Der hat bestimmt von unserer Not erfahren und uns diesen Tisch geschickt.«

Und glückselig setzte sie sich mit Aladin an die Tafel, um die herbeigezauberte Mahlzeit einzunehmen.

Es ist nicht übertrieben: Was Aladin und seine Mutter an diesem Tag speisten, wäre eines Königspaars würdig gewesen. Sie konnten gar nicht genug bekommen von den Köstlichkeiten, und trotzdem blieb ihnen noch reichlich für den Abend und den nächsten Tag. Nachdem sie vollends gesättigt waren, wuschen sie sich die Hände und setzten sich zu einer gemütlichen Unterredung nieder.

»Sag mir, mein Sohn«, begann die Mutter das Gespräch, »war dieser schreckliche Geist, der mich in Ohnmacht stürzte, der gleiche, der dir in der Schatzhöhle begegnete?«

»Nein«, erwiderte Aladin, »dort war es der Geist des Siegelrings, der mir zu Hilfe kam.« Und er erzählte noch einmal in aller Ausführlichkeit, wie es in der Höhle zugegangen war.

»Und du bist dir sicher, diese Geister hängen mit der Lampe und dem Ring zusammen?«

Aladin nickte, und seine Mutter war schon wieder einer Ohnmacht nahe.

»Tu mir einen Gefallen«, sprach sie, »wirf diese Lampe und den Ring fort! Ich könnte den Anblick dieses Dämons kein zweites Mal ertragen. Außerdem ist es Sünde, mit ihnen zu verkehren.«

»Nein«, sagte Aladin, »weder Lampe noch Ring werde ich hergeben. Sie besitzen eine so gewaltige Zauberkraft, daß ich sie nicht missen möchte. Wir sind arm und können uns auf diese Weise behelfen. Wir müssen beide Dinge gut verstecken und dürfen keiner Seele davon erzählen. Der Ring hat mir aus der Höhle geholfen. Wer weiß, wozu wir ihn noch einmal benötigen.

Ich werde die Lampe auch gerne an mich nehmen, damit sie dich nicht mehr an das schreckliche Erlebnis erinnert.«

So einigten sich die beiden, und nachdem sie über zwei Tage alles verspeist hatten, was ihnen der Dämon serviert hatte, begann der Alltag wieder und mit ihm auch die ständige Sorge um das Nötigste.

»Ich werde eine von den Schüsseln verkaufen, die uns der Geist auf den Tisch gestellt hat«, beschloß Aladin deshalb und machte sich sogleich auf den Weg zum Basar.

Allerdings – so wie bei den Edelsteinen – hatte Aladin keine Ahnung, was er bei sich trug: daß es sich um echtes, pures Gold handelte: Und als er auf dem Basar den erstbesten Händler ansprach, war auch der erst mal mißtrauisch und untersuchte die Schüssel sehr genau. Dann zog er Aladin in eine düstere Ecke und begann zu handeln:

»Wieviel möchtet Ihr für dieses Stück haben, lieber Herr?«

»Du weißt, wieviel sie wert ist«, erwiderte Aladin keck und wie ein Geschäftsmann.

»Kennt der Junge den Wert, oder kann ich ihn übers Ohr hauen?« überlegte der Händler. Und nach langem Zögern fingerte er einen Golddinar aus seiner Tasche und hielt ihn Aladin versuchsweise unter die Nase.

»So viel wird sie schon wert sein«, dachte Aladin und ahnte nicht, welch schlechtes Geschäft er machte.

»Gib her!« sagte er und verließ eilends den Basar. »Ein Dreier hätte es auch getan!« ärgerte sich der Mann und blickte dem Jungen verwundert nach.

Aladin aber ging schnurstracks zu einem Bäcker und kaufte Brot. Zusammen mit dem reichlichen Restgeld brachte er es nach Hause zu seiner Mutter und sagte:

»Hier, für das Geld kannst du auf dem Markt alles kaufen, was wir brauchen.«

Mit Freude nahm die Mutter die Münzen entgegen, denn diese reichten nicht nur für einen Einkauf. Und so hatten die beiden einige Zeit gut zu essen und allen Grund zu Wohlbefinden und guter Laune.

Als das Geld schließlich aufgebraucht war, nahm Aladin kurzerhand die nächste Goldschüssel und suchte den Händler wieder auf. Der handelte natürlich nicht lang, sondern gab Aladin wieder einen Golddinar. Mit dem tat Aladin, was er beim ersten Mal getan hatte. Und so ging es in der nächsten Zeit fort, bis alle zwölf Goldschüsseln verkauft waren.

»Nun haben wir nur noch den Tisch«, überlegte Aladin. »Er ist zu schwer für mich, um ihn allein zum Basar zu tragen ... am besten hole ich den Händler her und frage ihn, ob er was damit anfangen kann.«

Man müßte es wohl nicht erzählen: Aladin schleppte den Tisch vors Haus, und natürlich nahm der ehrlose Händler auch dieses wertvolle Stück! Damit Aladin aber nicht mißtrauisch wurde und er ihm als guter Kunde erhalten blieb, gab er ihm diesmal gleich zehn Golddinare.

»Davon können wir eine lange Zeit sorgenfrei leben«, sagten sich Aladin und seine Mutter, und es sah ganz so aus, als würde alles wieder so werden wie vor dem Erscheinen des betrügerischen Derwischs.

Man kann es sich denken: Irgendwann hatten Aladin und seine Mutter den Erlös für die Geschenke des Lampengeistes verbraucht. »Bevor wir wieder zu hungern beginnen«, sagte sich da Aladin, »werde ich noch einmal den Dämon um Hilfe bitten!«
Vorsichtshalber schickte er seine Mutter nach draußen, holte die Lampe hervor, rieb sie, und tatsächlich erschien auf der Stelle der Geist:
»Hier ist dein Diener!« sprach er. »Sage, was du von mir verlangst, mein Herr!«
Ohne Zögern antwortete Aladin: »Bitte, bring mir noch einmal einen solchen Tisch mit Wein, köstlichen Speisen und weißem Brot!«
Und ebenso prompt brachte der Geist das Gewünschte: Wieder standen zwölf kostbare Schüsseln mit dem herrlichsten Essen auf einem silbernen Tisch in der so ärmlichen Wohnung von Aladin und seiner Mutter. Erneut hatten sie für Tage zu speisen, und wie beim ersten Mal entschied sich Aladin, immer dann eine der Schüsseln zu verkaufen, wenn kein Geld mehr im Haus war. Die Mutter ließ ihn gewähren – Hauptsache, sie mußte nicht mehr dem schaurigen Dämon ins Angesicht blicken!
Was aber geschah, als Aladin mit der ersten Goldschüssel auf den Basar ging, um seinen Händler aufzusuchen? Das Schicksal wollte es, daß er einem Goldschmied in die Arme lief, der ein ehrlicher und frommer Mann war.
»Geh nicht weiter, mein Sohn!« hielt er Aladin auf. »Ich habe dich früher öfter gesehen, wie du mit einem Ungläubigen gehandelt hast. Du weißt nicht, daß er keine Achtung vor uns Muslimen hat. Wahrscheinlich hat er dich kräftig übers Ohr gehauen.«

Vertrauensvoll erzählte Aladin, was er dem Händler bisher angeboten und welchen Preis er dafür erhalten hatte. Und ohne Mißtrauen gab der dem Goldschmied die Schüssel zur Prüfung. »Mein Sohn, du bist schamlos betrogen worden!« erklärte der gute Mann. »Deine Schüssel ist aus reinem Gold und siebzig Dinare wert. Wenn du willst, werde ich dir den fairen Preis dafür auszahlen.«
Natürlich stimmte Aladin dem Handel sofort zu. Er bedankte sich bei dem Goldschmied für dessen Ehrlichkeit. Und es war klar: Fortan würde er nur bei diesem Mann das teure Gut versetzen.

So ging es Aladin und seiner Mutter mit einem Male wunderbar. Ohne Sorgen konnten sie das Leben genießen. Sie hatten immer, was sie brauchten, und Aladin fand Gefallen daran, ein ordentliches Leben zu führen. Alle Lust, mit seinen alten Freunden herumzulungern, war verflogen. Statt dessen trieb er sich jetzt tagaus, tagein auf dem Basar herum. Er sprach mal bei diesem, mal bei jenem Kaufmann vor, erkundigte sich nach den verschiedenen Waren und Preisen und wollte alles nur Erdenkliche über Handel und Geschäfte wissen …

Vor allem jedoch zog es Aladin zu den Juwelieren und Goldschmieden. Dort ließ er sich alle Kenntnisse über Juwelen und Edelsteine vermitteln. Und eines Tages ging ihm plötzlich ein Licht auf: »Die bunten Steine, die ich aus der Schatzhöhle mitgenommen habe, sind allesamt wertvolle, schier unbezahlbare Edelsteine! Kein Händler auf dem Basar hat auch nur annähernd so Kostbares und Teures anzubieten …«

»Ich werde es vorerst für mich behalten«, beschloß Aladin. Und ob man es glauben mag oder nicht: Er lebte weiter bescheiden wie bisher und setzte seine Besuche bei den Kaufleuten fort.

Eines Tages aber geschah etwas, das Aladin fast den Verstand raubte. Wie immer in der letzten Zeit, war er gleich früh am Morgen zum Basar aufgebrochen. Doch kaum war er dort erschienen, tauchte ein Herold auf und verkündete:

»Auf Befehl unseres gnädigen Herrn, des größten und mächtigsten Königs dieses Jahrhunderts und aller Ewigkeit, sind sämtliche Läden und Lager umgehend zu schließen! Alle Leute haben in ihre Häuser zu verschwinden, denn die Herrin Badr el-Budûr, Tochter des Sultans, beabsichtigt, sich ins Badehaus zu begeben. Niemand darf sie zu Gesicht bekommen. Wer gegen diesen Befehl verstößt, wird mit dem Tode bestraft!«

Als Aladin diese Ankündigung vernahm, spürte er, wie sein Herz heftigst zu pochen begann: Schon so oft hatte er von der unvergleichlichen Anmut und Schönheit der Prinzessin gehört! Nun endlich gäbe es die Gelegenheit, sich von ihren Reizen zu überzeugen! Und auf der Stelle faßte Aladin den wagemutigsten Entschluß, den man sich denken kann: »Ich werde mich im Badehaus verstecken und die Prinzessin dort erwarten!«

Kurzentschlossen eilte Aladin zu dem verbotenen Platz und suchte sich eine verborgene Ecke, von der aus er die Prinzessin heimlich beobachten konnte.

Und er mußte auch gar nicht so lange ausharren da erschien die von allen Verehrte und Bewunderte und tat das, was Aladin sich so sehnlichst gewünscht hatte: Beim Eintritt in das Haus lüftete sie den Schleier vor ihrem Angesicht!

Aladin war wie geblendet. Er war entzückt und

bezaubert vom Aussehen dieses Wesens. Mehr noch: Sein Herz war auf der Stelle zutiefst von Liebe zur Prinzessin erfüllt!

Lange Zeit mußte Aladin im Verborgenen hocken, bis er sein Versteck unbemerkt verlassen konnte. Und man braucht gewiß nicht zu erzählen, wie aufgeregt und verwirrt er bald darauf sein Zuhause betrat.

Seine Mutter begrüßte ihn freundlich. Doch vergeblich wartete sie auf ein Wort ihres Sohnes. Sie erzählte ihm das Neueste aus der Nachbarschaft und fragte ihn nach seinen Geschäften. Aber wieder bekam sie keine Antwort. Als Aladin schließlich auch vom Essen kaum etwas kostete und statt dessen wie geistesabwesend vor sich hin starrte – da begann die Mutter, sich ernsthaft Gedanken zu machen. »Mein Sohn«, fragte sie sehr besorgt, »was ist dir widerfahren?«

»Laß mich!« war das einzige, was Aladin über die Lippen kam, und so blieb es bis zum Abend. Dann legte er sich wortlos auf sein Bett und blieb dort in Gedanken versunken bis zum nächsten Morgen.

»Er ist krank!« dachte sich die Mutter, als sich auch jetzt nichts an Aladins Zustand änderte.

»Soll ich laufen und einen Arzt holen?« fragte sie in größter Sorge.

Da endlich öffnete Aladin den Mund: »Ich bin nicht krank, Mutter«, sagte er. »Ich bin sehr gesund. Allerdings habe ich bis gestern gedacht, alle Frauen seien wie du. Nun aber ist mir die Prinzessin Badr el-Budûr, die Tochter des Sultans, begegnet. Ich habe gesehen, wie sie den Schleier vor ihrem Antlitz gehoben hat. Und als ich ihr Gesicht und ihre wunderschöne Gestalt erblicken durfte, da ist Sehnsucht und Liebe in mir entbrannt. Nun finde ich keine Ruhe mehr, bis ich die Schöne für mich gewonnen habe. Deshalb bleibt mir keine andere Wahl, als beim Sultan, ihrem Vater, nach Recht und Gesetz um ihre Hand anzuhalten.«

Wie die Mutter Aladin so reden hörte, bekam sie einen großen Schrecken und zweifelte ernsthaft an seinem Verstand.

»Allah beschütze dich, mein Kind!« sprach sie. »Ich flehe dich an, nicht solch irre Worte von dir zu geben!«

Doch Aladin redete weiter mit glänzenden Augen auf sie ein:

»Mir ist es bitterernst mit meiner Absicht. Ich gebe nicht eher auf, bis ich mein Herzblut, die wunderbare Prinzessin, als meine Gemahlin gewonnen habe.«

»Du bist töricht, mein Sohn!« erwiderte die

Mutter. »Selbst wenn dir ernst mit deiner Absicht ist, wer sollte es wagen, vor den Sultan zu treten und um die Hand seiner Tochter anzuhalten?«

»Wer, liebe Mutter, könnte es anders sein als du? Keiner ist mir näher als du. Also mußt auch du es übernehmen. Das leuchtet dir doch ein, oder?«

»Allah beschütze mich!« rief die Mutter. »Es reicht schon, wenn du den Verstand verloren hast. Hast du etwa vergessen, wessen Kind du bist? Du bist der Sohn des ärmsten und niedersten Schneiders der ganzen Stadt. Auch ich stamme von sehr armen Leuten ab. Wie könntest du es wagen, um die Tochter des Sultans zu werben? Eines Mannes, der die Prinzessin nur jemandem zugestehen würde, der ihm an Rang und Ehren gleich ist, verstehst du, mein Kind?«

Aber Aladin mochte nicht verstehen. Er war so von Liebe und Sehnsucht durchdrungen, daß er nicht aufhörte, auf seine Mutter einzureden: »Ich weiß das doch alles selber, Mutter! Trotzdem laß ich mich nicht von meinem Entschluß abbringen. Und wenn du mich wirklich lieb hast, mußt du mir den Gefallen tun. Sonst, das kann ich dir versichern, wirst du mich verlieren, weil mich schon bald der Tod ereilen wird.«
Als Aladins Mutter diese Worte vernahm, wurde sie sehr traurig und begann zu weinen.
»Wie kannst du nur so reden, Aladin!« jammerte sie. »Du bist mein einziges Kind, und ich würde alles tun, um dich zu vermählen. Gerne will ich dir eine Frau unseres Standes suchen.«
»Ich will die Prinzessin als meine Frau und sonst keine!« beharrte Aladin auf seinem Willen.
»Und was, bitte, soll ich sagen, wenn man nach deinem Beruf, deinem Landbesitz oder anderen Besitztümern fragt?« wandte die Mutter verzweifelt ein. »Du bist ein armer Schneidersohn, du hast nichts vorzuzeigen. Wenn ich dies vor dem Sultan kundtun muß, wird es uns bestimmt ins Unglück stürzen. Vielleicht wird es mir und dir gar den Tod bringen, begreifst du das, mein Sohn?«
Aber Aladin wollte nicht begreifen. Er beharrte auf seinem Wunsch und hörte nicht auf, seine Mutter zu bedrängen.
»Nimm einmal an, ich täte dir den Gefallen«, sagte diese ganz hilflos, »wie sollte ich mir Zutritt zum Palast des Sultans verschaffen? Was für ein Geschenk sollte ich für seine Majestät mitnehmen, damit man mich nicht gleich für eine Verrückte hält? Jeder weiß, wie gütig und gnädig der König gegen jedermann ist. Doch zumindest erwartet er, daß man seiner Gnade würdig ist. Er wird fragen, was du für sein Land geleistet hast, ob du im Krieg eine Heldentat begangen hast. Und ohne ein Geschenk, das seinem Stand und das seiner Tochter angemessen ist, dürfte man es ohnehin nicht wagen...«
»Ich weiß, ich weiß«, lenkte Aladin ein. »Ich hätte an all dies denken sollen, als mich die Liebe zur Prinzessin Badr el-Budûr befiel.« Doch nach einigem Nachdenken wurde Aladin plötzlich ganz munter und unbeschwert: »Liebe Mutter, ich habe etwas, das du als Gabe dem Sultan überreichen kannst.«
Die Mutter blickte ihren Sohn ungläubig an.
»Es ist etwas, das kein König dieser Welt besitzt. Erinnere dich an die Steine, die ich vom Ausflug mit meinem vermeintlichen Oheim mitbrachte! All das, was ich für Glas und Kristalle hielt, sind in Wirklichkeit Edelsteine! Durch meine Gespräche mit den Juwelieren auf dem Basar habe ich gelernt, daß das, was ich aus der Schatzhöhle mitnahm, kostbarste Juwelen sind. Jeder einzelne größer und wertvoller als die, die der Sultan und seinesgleichen besitzen. Hole unsere Porzellanschüssel, damit ich einige von den Edelsteinen hineinlegen kann! Und wenn du mir dann immer noch nicht den Gefallen tun willst, Mutter, so sei gewiß, daß ich sterben werde.«
»Ich muß ihn gewähren lassen«, sagte sich die Mutter, indem sie die Schüssel holte. »Vielleicht sind die Steine ja wirklich so wertvoll, wie er sagt.«
Währenddessen hatte Aladin die Beutel mit den Juwelen aus einem Versteck geholt. Und als er begann, die Säckchen zu öffnen und einen Stein nach dem anderen in die Porzellanschüssel zu le-

gen, mußte die Mutter für einen Moment die Augen schließen, so strahlten und leuchteten die Juwelen …

»So, Mutter, jetzt hast du keine Ausrede mehr!« sagte Aladin. »Nun mußt du mir den Gefallen tun und um meine Herzallerliebste, die Prinzessin, anhalten, damit ich sie bald als meine Gemahlin bekomme.«

Noch einmal versuchte die Mutter, ihren Sohn zu warnen und umzustimmen, und sie fragte: »Was, in Allahs Namen, soll ich sagen, mein Sohn, wenn der Sultan nach deinem Besitz und nach deinen Einkünften fragt?«

»Hör endlich auf, dir unnütze Gedanken zu machen, Mutter«, erwiderte Aladin. »Beim Anblick dieser Steine wird der Sultan keine Fragen mehr stellen. Im übrigen weißt du um den Besitz der Lampe, die regelmäßig für unser Auskommen sorgt.«

Und noch einmal erläuterte er der Mutter in aller Ausführlichkeit, welche Wunderdinge die Lampe zu leisten imstande war.

Da endlich, nachdem schon fast die Nacht vorüber war, hatte Aladin die Mutter überzeugt, und sie erklärte sich bereit, zum Palast zu gehen und um eine Audienz beim Sultan anzusuchen.

»Aber hüte dich nur ja, irgend jemandem etwas von der Lampe zu erzählen!« redete Aladin seiner Mutter ins Gewissen. »Sie ist unser größter Schatz.«

Die Mutter versprach es, und gleich nach Sonnenaufgang machte sie sich mit der in ein feines Tuch gehüllten Schüssel auf den Weg zum Schloß.

Kann man beschreiben, wie aufgeregt Aladins Mutter war, als sie den weitläufigen und prächtigen Palast des Königs und Sultans betrat? Wie fast immer am Morgen fand im Staatssaal eine große Versammlung statt. Der Großwesir, die Wesire, die Emire und andere Größen des Staates erschienen, um dem Sultan ihre Aufwartung zu machen und ihre Rechtsfälle vorzutragen. Es wurde viel geredet und debattiert, und Aladins Mutter brauchte einige Geduld, bis die Versammlung beendet war. Und erst als alle Staatsdiener außer dem Großwesir den Saal verlassen hatten, stieg der Sultan vom Königsthron, um an den Leuten des Volkes vorbei sich auf dem Weg zu den Privatgemächern seines Schlosses zu machen. Dort stand immer noch Aladins Mutter, und natürlich hatte sie die feste Absicht, dem Sultan ihr Anliegen vorzutragen. Aber man muß es verstehen: Kaum näherte sich der Mächtige und Verehrte, verließ die alte Frau der Mut. Und bevor sie sich wieder gefaßt hatte, war der Sultan an ihr vorbeigeschritten.

So passierte es an diesem Tag und am nächsten und noch an einigen weiteren. Und jedesmal, wenn die Frau unverrichteter Dinge nach Hause kam, wurde die Enttäuschung Aladins größer, und er mochte schon nicht mehr daran glauben, daß seine Mutter je den nötigen Mut aufbringen würde.

Doch dann geschah Überraschendes: Wieder einmal hatte die Staatsversammlung getagt. Die Mächtigen des Reiches hatten sich schon verabschiedet, nur der Großwesir war noch am Thron des Sultans verblieben.

»Wesir«, sprach ihn der König an, »seit sieben Tagen sehe ich auf dem Weg zu meinen Gemächern eine alte Frau, die mich schüchtern und doch voller Interesse ansieht. Sie trägt etwas unter ihrem Mantel, das ich nicht erkennen kann. Schau nach, ob sie heute wieder dort steht, und falls du sie entdeckst, so sprich sie an und führe sie vor meinen Thron!«

Der Großwesir machte eine tiefe Verbeugung und sprach: »Ich höre und gehorche, o unser Herr und Sultan!«

Und tatsächlich fand er Aladins Mutter mit klopfendem Herzen wieder dort warten, wo sie schon seit Tagen Aufstellung genommen hatte.

»Der Sultan wünscht dich zu sprechen!« erklärte er der verdutzten Frau, und kurzerhand führte er sie vor den Thron.

»Frau«, wandte sich der Sultan an Aladins Mutter, »ich sehe dich seit Tagen an der gleichen Stelle stehen. Sag mir, ob dich ein bestimmtes Anliegen hierher führt!«

Die gute Frau war längst auf die Knie gefallen, hatte den Boden geküßt und begann nun voller Demut zu erklären, was ihr auf dem Herzen lag:

»Deine Majestät wird mein Anliegen gewiß seltsam finden, und ich bitte dich auch um Verzeihung. Ich habe einen Sohn, und dem ist schrecklich Schönes widerfahren.« Und dann erzählte sie mit vielen Worten, wie Aladin heimlich die Prinzessin beobachtet und sich unsterblich in sie verliebt hatte.

Der Sultan lauschte geduldig, und als sie ihn nun nochmals um Verzeihung bat, lächelte er milde und fragte:

»Was hältst du da verborgen unter deiner Kleidung?«

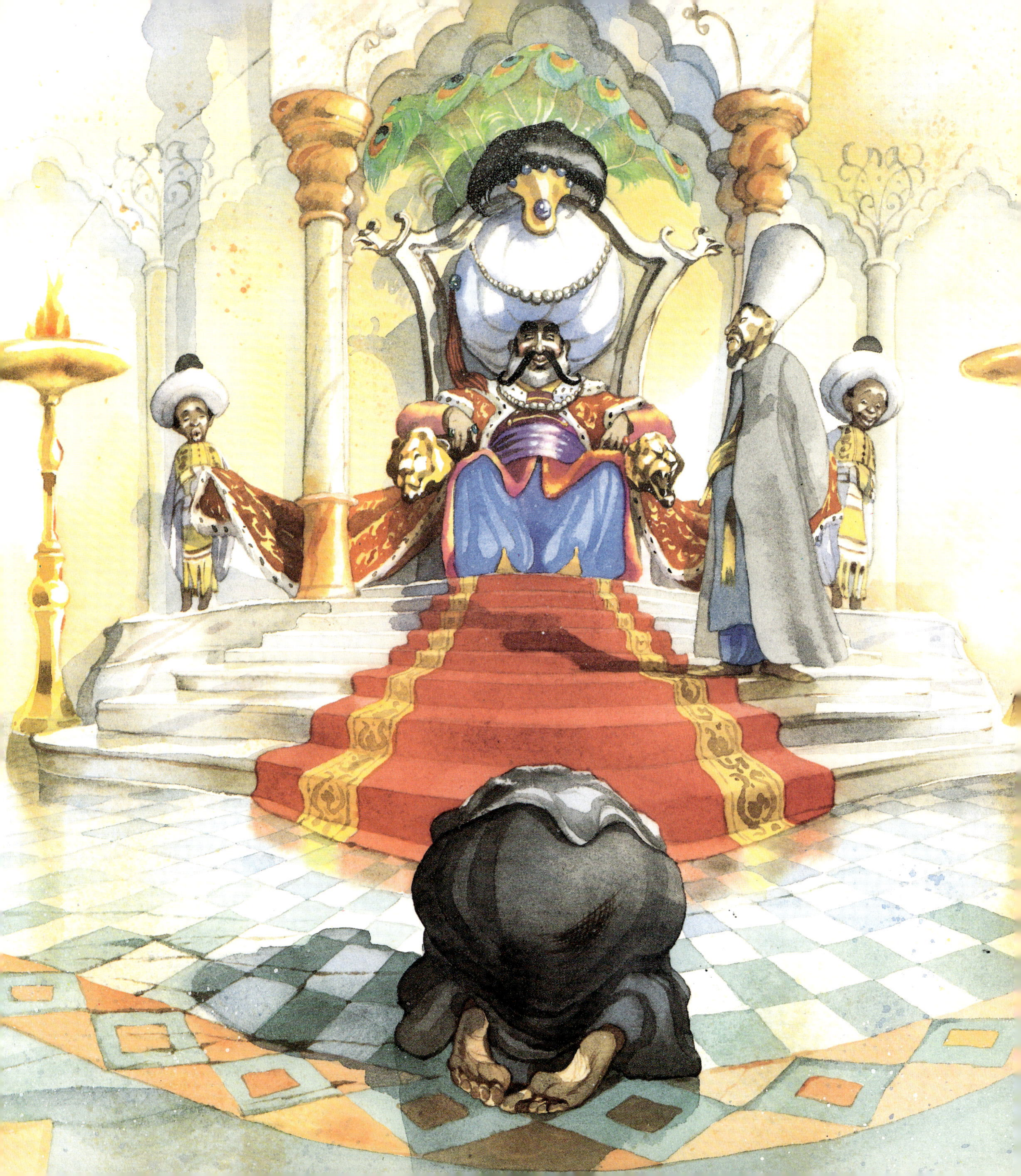

Aladins Mutter zog die Porzellanschüssel unter ihrem Gewand hervor, lupfte das Tuch und reichte dem Sultan das Geschenk. Der Herrscher, der berühmt war für seine Reichtümer, blickte auf die Edelsteine und war wie geblendet von ihrer Pracht. Ja, die ganze Halle schien plötzlich wie von Kronleuchtern erhellt.

»O größter König unserer Zeit«, sagte Aladins Mutter, »bitte nimm dieses bescheidene Geschenk von uns an. Und verzeih mir den Wunsch, den ich im Namen meines Sohnes ausspreche: Gib ihm deine Tochter zur Frau. Er liebt sie inniger, als je ein Mensch Liebe empfunden hat. Und ich fürchte um sein Leben, wenn ihm dieser Wunsch nicht erfüllt wird!«

Der Sultan war immer noch ganz verwirrt vom Glanz der Juwelen. Tief beeindruckt wandte er sich an seinen Großwesir:

»Hast du je in deinem Leben so etwas Prachtvolles, so etwas Herrliches gesehen wie diese Edelsteine?«

Der Wesir antwortete, nicht minder verzaubert: »Nein, o unser Herr und Sultan. Ich glaube, nicht einer der Edelsteine in den Schatzkammern meines Herrn ist auch nur annähernd so groß wie der kleinste dieser Juwelen.«

Daraufhin sagte der König: »Wahrlich, wer mir ein solches Geschenk macht, hat es verdient, der Gemahl meiner Tochter Badr el-Budûr zu werden!«

Die Mutter Aladins war überglücklich, als sie die Worte des Sultans vernommen hatte. Weniger glücklich hingegen war der Großwesir.

»Aber deine Majestät hat doch versprochen, Prinzessin Badr el-Budûr werde mit meinem Sohn vermählt!« meldete er leisen Protest an und war gespannt, wie der Sultan darauf reagieren würde.

»Geh zu deinem Sohn!« wandte dieser sich jedoch wieder an Aladins Mutter. »Verkünde ihm, er möge sich noch drei Monate gedulden. Bis dahin sind die Vorbereitungen für die Hochzeit abgeschlossen.«

Aladins Mutter dankte dem Sultan mit aller Ergebenheit, betete für sein Wohl und eilte nach Hause.

»Bringst du mir gute Botschaften?« empfing Aladin seine Mutter auch dieses Mal voller Ungeduld. »Hat der Sultan die Juwelen und deine Werbung angenommen?«

Da berichtete die gute Frau alles, was sie erlebt und der Sultan versprochen hatte. »Ich fürchte allerdings«, fügte sie am Schluß hinzu, »der Wesir brütet Unheil aus und will den König noch einmal umstimmen.«

Die letzten Worte mochte Aladin überhaupt nicht hören. Vielmehr dankte er seiner Mutter von Herzen und sagte: »Drei Monate sind eine lange Zeit. Aber ich werde auch die noch überstehen. Es gibt gewiß niemanden auf Erden, der glücklicher ist als ich!«

Die Zeit verging langsam wie nie, und Aladin konnte es kaum abwarten, daß die drei Monate endlich vorüber gingen. Aber – man mag es schon befürchtet haben – eines Tages gab es eine schlimme Überraschung! Als Aladins Mutter gegen Abend auf den Basar ging, um Öl zu kaufen, da wunderte sie sich: Alle Händler hatten geschlossen. Überall hatten die Einwohner Lichter und Blumen in ihre Fenster gestellt. Und dann erschienen auch noch Soldaten und Gardeoffiziere hoch zu Roß in feierlichem Aufzug und trugen Fackeln bei sich.

»Was geht hier vor? Was wird hier gefeiert?« fragte Aladins Mutter einen der Schaulustigen.

»Du bist wohl nicht aus dieser Stadt?« wurde die gute Frau belächelt.

»Aber natürlich bin ich von hier!« protestierte sie.

»Du willst von hier sein und weißt nicht, daß heute abend der Sohn des Großwesirs Hochzeit mit Badr el-Budûr, der Tochter des Sultans, feiert?«

Da wurde Aladins Mutter schlagartig ganz weh ums Herz. Voller Mitgefühl dachte sie an ihren Sohn, und auf der Stelle machte sie sich auf den Weg nach Hause.

»Der Sultan hat sein Versprechen gebrochen!« erklärte sie Aladin wenig später mit kummervollem Blick.

»Was willst du damit sagen?« fragte dieser verständnislos.

»Die ganze Stadt ist geschmückt, weil heute abend im Schloß Hochzeit gefeiert wird«, sagte sie und erzählte Aladin alles, was sie auf dem Basar vernommen und gesehen hatte.

Aladin konnte es nicht fassen. Eine Zeitlang brütete er stumm vor sich hin. Doch dann kam ihm mit einem Mal ein beglückender Einfall:

»Bei deinem Leben, liebe Mutter«, sagte er strahlend, »ich glaube, der Sohn des Wesirs wird heute nacht weniger Freude haben, als du denkst.«

Die Mutter sah Aladin verwundert an: »Was willst du damit sagen, mein Sohn?«

Aladin schmunzelte und sagte: »Laß uns jetzt schweigen über diese Angelegenheit. Trage erst mal unser Essen auf, und hernach, wenn ich mich in meine Kammer zurückgezogen habe, wird schon alles gut werden.«

Es geschah genau so, wie Aladin es angekündigt hatte. Nachdem die beiden mit ihrer Mahlzeit fertig waren, schloß sich Aladin in seiner Kammer ein, holte die Wunderlampe aus ihrem Versteck und rieb sie.

Sofort erschien der Geist im Zimmer und sprach: »Ich bin der Diener dessen, der die Lampe in Händen hält. Verlange, was du wünschst!«

Da erzählte Aladin dem Geist von der wunderschönen Tochter des Sultans, der Prinzessin Badr el-Budûr, seiner Liebe zu ihr und dem Versprechen, welches der Sultan seiner Mutter gegeben hatte.

»Und nun befehle ich dir als getreuem Diener dieser Lampe und seines Besitzers: Sobald sich die Braut und der falsche Bräutigam heute nacht zur Ruhe begeben, trage ihr Bett an diese Stätte!«

»Ist das alles, was du von mir verlangst?« fragte der Geist.

»Das ist alles«, sagte Aladin und sah, wie das Geistwesen vor seinen Augen verschwand.

Zufrieden schloß Aladin seine Kammer auf, begab sich zu seiner Mutter und verbrachte mit ihr den Rest des Abends.

Was geht nur in deinem Kopf vor? hätte die alte Frau nur zu gern ihren Sohn gefragt. Aber sie zog es vor zu schweigen und sich irgendwann zur Ruhe zu begeben.

Was nun geschah, läßt sich mit Worten kaum beschreiben: Aladin hatte sich gerade wieder in seine Kammer zurückgezogen, da erschien auch schon der Geist und hatte tatsächlich die Bettstatt mit den beiden Neuvermählten bei sich.

»Stell das Bett hier ab«, sagte Aladin hocherfreut. »Den Galgenvogel da trage in den Abort und lasse ihn dort erstarren. Am Morgen komm bitte wieder. Dann werde ich dir einen neuen Befehl geben.«
Der Geist gehorchte umgehend, und schon war Aladin allein mit seiner geliebten Prinzessin!
»O Herrin der Schönen«, sprach er das verschreckte Mädchen an, »fürchte dich nicht vor mir, ich werde dir nichts antun! Dein Vater hat dich mir versprochen, und ich wollte nicht, daß ein anderer sich an dir erfreut.«
Mit diesen Worten legte Aladin sein Obergewand ab, holte sein Schwert, legte es neben die Prinzessin und sich selbst gleich daneben.

Jeder kann sich denken, wie verwirrt und verängstigt die Sultanstochter war. Die ganze Nacht bekam sie kein Auge zu, obwohl Aladin nur still und friedlich neben ihr lag. Beim Morgengrauen erschien wieder der Lampengeist und erbat von Aladin einen neuen Auftrag.
»Geh und trage die Braut zusammen mit ihrem Bräutigam zurück ins Schloß des Sultans!« befahl Aladin.
Der Geist tat, wie ihm befohlen: Ohne daß auch nur ein Mensch es bemerkt hätte, trug er das vor Angst zitternde Paar in deren Schlafgemach zurück und löste sich selbst in Wohlgefallen auf. Nur zu gern wäre der Sohn des Wesirs jetzt noch ein Stündchen bei seiner Braut geblieben.

Als aber der Besuch ihres Vaters angekündigt wurde, stieg er schleunigst aus dem Bett und kleidete sich an.

Gleich darauf erschien der Sultan, küßte seine Tochter auf die Stirn, wünschte ihr einen guten Morgen und fragte sie, ob sie mit ihrem jungen Gemahl glücklich und zufrieden sei.

Doch ganz so, als hätte die Prinzessin ihre Stimme verloren, wartete er vergeblich auf eine Antwort. Der Sultan konnte sie auch ein zweites und ein drittes Mal fragen, er konnte sie auch verärgert oder gar zornig anblicken – die Prinzessin gab keine Silbe von sich.

Wütend verließ der König das Schlafgemach und eilte zu seiner Gemahlin, um ihr von dem ungeheuerlichen Benehmen ihrer Tochter zu berichten.

»O größter König unserer Zeit«, redete diese auf den Erzürnten ein, »das ist nichts Ungewöhnliches bei den Neuvermählten. Am Tage nach der Hochzeitsnacht sind die meisten noch etwas verschämt und zieren sich. Nimm es ihr nicht übel, ich werde mal selber nach dem Rechten schaun.«

Daraufhin begab sich die Königin zur Prinzessin, küßte sie auf die Stirn, wünschte ihr einen guten Morgen und fragte sie nach ihrem Befinden. Aber auch jetzt war die Antwort ein beharrliches Schweigen.

»Bitte, geliebte Tochter«, sprach die Königin voller Sorge, »verrate wenigstens mir den Grund deines seltsamen Betragens!«

Da endlich erhob die Prinzessin ihr Haupt und sagte: »Sei mir nicht gram, liebe Mutter! Die vergangene Nacht ist die schlimmste, die ich je erleben mußte.«

Und dann erzählte die Prinzessin Badr el-Budûr all das, was ihr widerfahren war. Und am Ende fügte sie hinzu: »Bitte leg ein gutes Wort für mich bei meinem lieben Vater ein, damit er nicht länger erzürnt ist.«

Hierauf erwiderte die Königin: »Du tätest gut daran, deinem Vater nichts von alledem zu erzählen. Schweige auch weiter ihm und allen gegenüber, denn sonst würde man behaupten, die Tochter des Sultans hätte den Verstand verloren!«

»Ich bin bei klarstem Verstand!« beteuerte die Prinzessin. »Wenn du mir nicht glaubst, so frage meinen zukünftigen Gemahl! Er wird dir alles bestätigen.«

Die Königin aber mochte nicht weiter über diese rätselhafte Angelegenheit reden. Sie ließ die Kammerfrauen mit den Festtagsgewändern der Prinzessin kommen und sagte zum Abschied: »Liebe Tochter, vergiß auf der Stelle diese Torheiten! Lege deine Kleider an, lausche dem Klang der Trommeln und des Gesangs und erfreue dich an den Hochzeitsfeierlichkeiten.«

Gleich anschließend begab sie sich wieder zum Sultan und legte, wie versprochen, ein gutes Wort für die Prinzessin ein: »Sie hat im Schlaf fantasiert, die Arme. Bitte trage deinem Kind das Schweigen nicht nach!«

Um aber die letzten Zweifel zu beseitigen, suchte die Königin auch noch den Sohn des Wesirs auf und erzählte ihm, was die Prinzessin über die Hochzeitsnacht erzählt hatte.

Der Frischvermählte erschrak sehr und fürchtete, seine Gemahlin zu verlieren.

»Hohe Herrin«, sagte er deshalb, »ich habe nichts von dem mitbekommen, was du mir kundtust.«

Nun war die Königin endgültig davon überzeugt, daß ihr Kind zwar die Wahrheit, aber nicht mehr als einen Traum erzählt hatte, und sie beschloß, die Sache einfach auf sich beruhen zu lassen.

Wie aber erging es derweil Aladin? Er begab sich an diesem Tag in die Stadt, wo die Hochzeitsfeierlichkeiten stattfanden. Er sah den Tänzerinnen zu, lauschte den Sängerinnen und Musikerinnen, und er mußte im stillen lächeln – besonders wenn er an den Sohn des Wesirs dachte und die Leute reden hörte, welch unbeschreibliches Glück diesem Jüngling widerfahren sei.

»Wenn ihr wüßtet!« dachte sich Aladin. Und als es dunkel wurde, begab er sich nach Hause, um in seiner Kammer ein weiteres Mal die Lampe zu reiben.

Umgehend erschien der Geist und fragte, wie er Aladin zu Diensten sein könne.

»Tue das gleiche wie in der letzten Nacht!« befahl Aladin.

Man mag es glauben oder nicht, aber es spielte sich in den nächsten Stunden genau das gleiche ab wie in der Vornacht: Der Geist erschien mit der ganzen Bettstatt. Der Bräutigam landete wieder im Abort. Aladin legte sich mit seinem Schwert brav neben die Prinzessin. Und bis zum Morgengrauen geschah nichts, was erwähnenswert wäre. Da erschien erneut der Geist, schnappte sich das Bett und schaffte es mit dem Hochzeitspaar an seinen rechtmäßigen Platz zurück.

Wen wundert es, daß am Morgen der Sultan sehr neugierig war, ob seine Tochter nach dieser Nacht freundlicher zu ihm war als nach der vergangenen?

Wieder begab er sich zu ihrem Gemach, und es war keine Minute zu früh oder zu spät: Kurz zuvor hatte der Geist das Hochzeitspaar in seinem Bett im Zimmer abgestellt, und schlotternd wie am Vortag war der Sohn des Wesirs in seine Kleider gestiegen. Der Sultan trat nichtsahnend an das Bett, hob den Vorhang, wünschte der Prinzessin einen guten Morgen, küßte sie auf die Stirn und fragte sie nach ihrem Befinden.

Doch erneut wartete der Vater vergebens auf eine Antwort – ja, schlimmer noch: Seine Tochter sah ihn zornig an, und es war nicht zu übersehen, sie befand sich in einem höchst jämmerlichen Zustand.

»Was ist mit dir los? Bist du nicht recht bei Sinnen?« rief der Sultan erzürnt und zog sein Schwert. »Achtest und ehrst du mich nicht mehr, daß du mich so behandelst? Sage mir augenblicklich, was vorgefallen ist, oder ich nehme dir das Leben!«

Im Angesicht des gezückten Schwerts und des grimmigen Gesichts schwand alle Hemmung von der Prinzessin. Entschlossen richtete sie sich auf und begann zu sprechen:

»Mein geliebter Vater, beruhige dich bitte! Höre, was der Grund für meinen Zustand und mein seltsames Betragen ist! Ich bin sicher, dann wirst du mich von aller Schuld entlasten und großes Mitleid mit mir haben.«

Sodann erzählte sie dem Sultan alle die verwunderlichen Vorkommnisse der letzten beiden Tage und endete mit den Worten: »Falls du meiner Erzählung keinen Glauben schenken magst, so lasse dir alles von meinem Gemahl bestätigen!«

Der Sultan hatte seiner geliebten Tochter mit großem Staunen gelauscht. Jetzt steckte er mit Tränen in den Augen und großer Betrübnis das Schwert wieder in seine Scheide und sprach:

»Liebe Tochter, warum hast du mir all dies nicht gleich gesagt? Zweifelsohne hätte ich deine Not und Angst in der letzten Nacht von dir fernhalten können. Ich werde umgehend Wärter zu deinem und eurem Schutz aufstellen lassen. Dann wird dir solcher Schrecken kein weiteres Mal widerfahren.«

Sogleich begab sich der Sultan zurück in seine Gemächer und bestellte den Großwesir zu sich. »Hast du gehört, was meiner geliebten Tochter und deinem Sohn passiert ist?« fragte er seinen Untertan.

»Ich habe ihn seit zwei Tagen nicht gesehen«, erwiderte der Wesir kleinlaut.

»Dann suche ihn und frage ihn, was in den letzten beiden Nächten geschehen ist!«

Der Großwesir gehorchte, und wenig später stellte er den verstörten Bräutigam zur Rede: »Was, mein Sohn, hast du in den beiden vergangenen Nächten getrieben?«

»Ich mußte, statt bei meiner geliebten Gemahlin zu ruhen, die Nacht an einem finsteren und übelriechenden Ort verbringen. Dabei wäre ich vor Kälte fast umgekommen, und alles andere, was geschah, läßt mich noch jetzt erzittern.«

Und dann erzählte der junge Gemahl wahrheitsgetreu, was ihm und seiner Braut widerfahren war.

»Lieber Vater, tu mir einen Gefallen!« flehte er, als er mit seinem Bericht fertig war. »Geh zum Sultan und bitte ihn, mich von dieser Ehe zu entbinden. Zwar ist meine Liebe zur Prinzessin ungebrochen. Aber ich habe nicht mehr die Kraft, auch nur noch eine Nacht wie die letzte zu ertragen!«

Bekümmert hatte der Wesir den Worten seines Sohnes gelauscht, und man braucht eigentlich nicht zu erklären, wie sehr ihm dieser Verzicht mißfiel.

»Warte bitte noch die nächste Nacht ab«, schlug er dem Bräutigam vor. »Wir werden Wächter aufstellen und sehen, was dann geschieht. Ich bin dagegen, so mir nichts, dir nichts, auf die hohe Ehre dieser Vermählung zu verzichten.«

Daraufhin begab er sich wieder zum Sultan und berichtete, was sein Sohn erzählt hatte.

»Dann ist die Eheschließung zwecklos«, stellte der Sultan fest und ließ auf der Stelle alle Feierlichkeiten abbrechen.

»Was ist geschehen? Weshalb ist die Ehe schon beendet? Warum kommen der Großwesir und sein Sohn so niedergeschlagen aus dem Palast des Sultans?« rätselte das Volk und erhielt keine Antwort.

Nur einer wußte richtig Bescheid und lachte sich ins Fäustchen: Das war Aladin. Er hatte beschlossen, in aller Gelassenheit abzuwarten, bis der Rest der drei Monate verstrichen war. Erst dann wollte er wieder etwas unternehmen.

Die Zeit verging nicht gerade im Fluge, aber dann war es endlich soweit. »Mutter«, sagte Aladin, »bitte geh zum Sultan und erinnere ihn an sein Versprechen.«
So begab sich die alte Frau wieder einmal zum Sultanspalast und wartete geduldig, bis die Staatsversammlung beendet war. Sogleich hatte der Sultan sie entdeckt, und voller Schrecken fiel ihm ein, was er Aladins Mutter damals versprochen hatte.
»Dort drüben steht die Frau, die mir vor drei Monaten die Juwelen gebracht hat«, sprach er zu seinem Wesir. »Geh hinüber und hol sie an meinen Thron!«
Nur ungern gehorchte der Großwesir. Und voller Widerwillen lauschte er, wie die Alte dem Sultan bald darauf Macht, Glück und ein langes Leben wünschte und ihn an sein Versprechen erinnerte.
»Ich weiß …« sagte der Sultan einigermaßen ratlos. Dabei betrachtete er die ärmliche Kleidung der Frau, und es war nicht zu übersehen, daß sie zum niedrigsten Volk gehörte.

»Was rätst du mir zu tun?« wandte er sich wieder an seinen Wesir. »Dummerweise habe ich dieser Frau mein Wort gegeben. Und das Wort des Königs ist eine Urkunde, wie du weißt.«
Der Großwesir nickte freundlich, obwohl sein Herz vor Neid fast zerfressen wurde. »Hoher Herr«, flüsterte er, »fordere von dem Werber vierzig Schüsseln aus reinem Gold, jede gefüllt mit soviel Edelsteinen, wie sie die Frau damals brachte. Außerdem verlange vierzig Eunuchen und vierzig Sklavinnen, die die Schüsseln tragen. Falls dir diese Wünsche erfüllt werden, magst du keinen Einwand mehr gegen diese Ehe haben.«

Dem Sultan gefiel dieser Vorschlag, denn er ahnte, daß diese Forderungen nicht erfüllbar waren. Und sogleich beauftragte er seinen Wesir, mit der alten Frau zu sprechen.
Man kann sich denken, wie betroffen Aladins Mutter von diesen neuerlichen Auflagen war. Kopfschüttelnd verließ sie den Palast. Ein ums andere Mal überlegte sie, wie Aladin doch noch zu seiner Braut kommen könnte. Die Goldschüsseln und die Edelsteine mag er ja noch aus der Schatzhöhle beschaffen können, dachte sie. An den Eunuchen und den Sklavinnen aber wird die Wunscherfüllung des Königs scheitern ...

Doch wer erwartet hat, Aladin hätte die Verzweiflung seiner Mutter geteilt, der sieht sich gehörig getäuscht.

»Diesem hinterhältigen Großwesir werden wir eins auswischen!« sagte er schmunzelnd, kaum daß er von den neuen Forderungen des Sultans erfahren hatte.

Dann schickte er seine Mutter zum Einkaufen auf den Basar, um derweil in aller Ruhe die Lampe zu reiben und den Lampengeist zu rufen. Der erschien wie immer prompt und fragte gleich nach dem Wunsch und Auftrag seines Herrn.

»Schaff mir sofort vierzig Sklavinnen und ebenso viele Eunuchen her und laß sie vierzig Schüsseln aus Gold, randvoll gefüllt mit Edelsteinen, mitbringen. Der Sultan verlangt dies von mir, wenn ich mich mit seiner Tochter vermählen will.«

»Ich höre und gehorche«, sprach der Dämon und verschwand nur für kurze Zeit. Und bevor noch Aladins Mutter vom Basar heimgekehrt war, drängten sich in ihrem Hause und bis weit auf die Straße die achtzig Diener mit genau den Reichtümern, wie sie Aladin bestellt hatte. Die Sklavinnen waren von unbeschreiblicher Anmut und Lieblichkeit. Ihre Gewänder waren kostbar und schöner, als sie je einer erblickt hatte. Und im Nu hatten sich unzählige Leute aus dem Stadtviertel eingefunden, um das ungewöhnliche Schauspiel zu bestaunen.

»Bring mein Geschenk sofort in den Palast!« beauftragte Aladin seine Mutter, als sie vom Basar zurückkam. »Mögen dem neidischen und hinterhältigen Wesir die Augen aus dem Kopf treten. Und möge der Sultan erkennen, daß ich ihm alle Wünsche erfüllen kann.«

Daraufhin bildeten die Sklavinnen mit den goldglänzenden Schüsseln auf dem Kopf und je einem Eunuchen an ihrer Seite einen wohlgeordneten Zug und ließen sich von der alten Frau zum Sultanspalast führen.

Man kann sich ausmalen, welche Verwirrung und Bewunderung der riesige Troß auslöste, als er am Sitz des Sultans eintraf. Die Aghas, die Kammerherren und die Hauptleute der Truppen staunten wie noch nie in ihrem ganzen Leben – besonders über die unvergleichlich schönen Sklavinnen und deren wertvolle und liebreizende Gewänder. Auf der Stelle wurde dem Sultan gemeldet, welche Pracht seiner harrte. Und es versteht sich: Man mußte nicht lange warten, bis der Herrscher die ganze Herrlichkeit und Fraulichkeit in den Staatssaal bat.

»Hoher Herr, hier ist das Brautgeschenk, was du gefordert hast!« sagte Aladins Mutter bescheiden, als sie vor dem Thron des Sultans stand. »Möge der große Herrscher es entgegennehmen, auch wenn es nicht viel ist im Vergleich zur hohen Ehrenstellung, die deine Tochter, die Prinzessin Badr el-Budûr, einnimmt.«

Der Sultan war erst einmal sprachlos. Ratsuchend wandte er sich an seinen Großwesir, dem tatsächlich fast die Augen aus dem Kopf gefallen waren.

»Hoher Herr«, sprach dieser und hatte ein verlogenes Gesicht dabei, »diese Schätze da sind nichts wert im Vergleich zu einem einzigen Fingernagel deiner Tochter. Mögest du das bei deiner Entscheidung berücksichtigen!«

Aber dieses Mal schien der Sultan seinen Wesir zu durchschauen. Er wandte sich zu Aladins Mutter und sprach:

»Frau, bestelle deinem Sohn, er möge unverzüglich bei mir erscheinen! Ich möchte ihn kennenlernen, und er soll mit großen Ehren empfangen werden. Ich nehme seine Morgengabe an. Meine Tochter wird seine Braut. Noch heute abend sollen die Hochzeitsfeierlichkeiten beginnen!«

Keine Sekunde hielt es die alte Frau mehr im Palast aus! Schneller als der Wind eilte sie nach Hause, um ihrem Sohn die Botschaft zu überbringen. Unbeschreiblich war ihre Freude über die Entscheidung des Sultans …

Kaum war Aladins Mutter davon, begab sich der Sultan in die Gemächer der Prinzessin. In seinem Gefolge war die Morgengabe des neuen Bräutigams, und nicht ohne Stolz präsentierte der Vater seiner Tochter den ganzen Reichtum und verkündete, was er soeben für sie beschlossen hatte.

»Liebe Prinzessin«, sprach er, »ich wünsche, daß dir all dies gefallen möge! Ich glaube, dieser neue Bräutigam ist noch viel schöner als dein vergangener. So Allah will, wirst du viel Freude an ihm haben.«

Und man wird es kaum für möglich halten: Die Prinzessin, die soeben noch um ihren entschwundenen Bräutigam getrauert hatte, wurde nun wieder fröhlich. Sie bewunderte die glitzernden Juwelen. Sie erfreute sich an der Schönheit der Sklavinnen. Und es schien so, als habe sie nichts gegen die Wahl des Vaters einzuwenden …

Was aber war inzwischen mit Aladin? Der hatte freudestrahlend die Nachricht der Mutter entgegengenommen und ihr von Herzen für ihre Hilfe gedankt. Gleich anschließend hatte er sich in seine Kammer zurückgezogen, um die Lampe zu reiben und dem Geist einen neuen Auftrag zu geben: »Bringe mich sofort in ein Bad, das seinesgleichen in dieser Welt sucht. Dann schaffe mir ein so kostbares Gewand her, wie es sonst kein König besitzt!«

Und wie nicht anders zu erwarten war, befand sich Aladin im Handumdrehen an dem gewünschten Ort, wo es von Marmor, Karneol und anderen Edelsteinen nur so blitzte und wo der Dämon darauf wartete, Aladin bei seiner Waschung zur Seite zu stehen.

Nachdem der zukünftige Bräutigam diese Pflege genossen hatte, konnte er in eine Halle schreiten, die nicht minder prächtig ausgestattet war. Dort lag ein Königsgewand bereit, das von einmaliger Kostbarkeit und Schönheit war. Und damit nicht genug: Eine Schar von Sklaven half Aladin beim Ankleiden, und gleich anschließend wurden ihm Sorbette sowie Kaffee mit Ambra gereicht. Dann erschien erneut der Lampengeist, hob Aladin auf und trug ihn in sein Haus zurück.

Dort sprach er zu ihm: »Mein Gebieter, wünschest du noch mehr?«

»Jawohl«, erwiderte Aladin, »ich wünsche, daß du mir achtundvierzig Mamelucken bringst, die mit Rosen, Rüstungen und Waffen ausgestattet sind. Alles soll vom Feinsten und vom Wertvollsten sein. Und für mich selber schaffe einen Hengst herbei, dessen Geschirr aus Gold und mit kostbarsten Edelsteinen besetzt ist. Außerdem brauche ich achtundvierzigtausend Dinare für die Mamelucken sowie zwölf Sklavinnen von auserlesener Schönheit, die meine Mutter aufs prächtigste einkleiden und zum Sultanspalast begleiten.«

Es geschah wundervollerweise so, wie Aladin es befohlen hatte. Und nachdem alles für den großen Auftritt bereit war, schickte Aladin einen Mamelucken zum Sultanspalast, um seine baldige Ankunft zu melden. Sodann bestieg er den Araberhengst, der für ihn bereit stand, und von seinen Dienern begleitet, machte er sich auf den Weg zum Palast.
Darf man verschweigen, welch großen Eindruck dieser Troß auf das neugierige Volk machte? Nein, nie zuvor hatte man solche Herrlichkeit gesehen.
Und als die Mamelucken gar mit freigiebiger Hand die Golddinare unters Volk warfen – da war die Begeisterung für den außergewöhnlichen Großmut Aladins grenzenlos. Man bestaunte seine majestätische Würde und seine edle Gestalt, pries seine Barmherzigkeit und bat um allen Segen dieser Welt für ihn.
»Er hat es verdient!« hörte man vielstimmig rufen, und es war ganz so, als gäbe es keinen einzigen Neider.
Inzwischen waren natürlich auch auf dem Schloß einige Vorkehrungen getroffen worden. Der Sultan hatte die Vornehmen des Reiches bei sich versammelt und ihnen die Vermählung seiner Tochter verkündet. Vor dem Schloßtor hatten alle Emire, Wesire, Kammerherren, Statthalter und Hauptleute der Truppen Aufstellung genommen.

Und dann kam er, Aladin, der zukünftige Gemahl der Prinzessin Badr el-Budûr! Er wollte von seinem Hengst absteigen und den letzten Teil des Wegs zu Fuß zurücklegen, um damit seine Ehrerbietung für den Sultan kundzutun. Aber einer der Emire, der den Auftrag vom Sultan höchstpersönlich erhalten hatte, sagte mit Entschiedenheit und Unterwürfigkeit zugleich: »Mein Gebieter, es wurde Befehl gegeben, daß du zu Rosse einziehst und erst am Portal des Staatssaals absteigst!«
So schritten die Großen des Reiches voran und geleiteten Aladin bis zu der besagten Stelle. Dort halfen sie ihm vom Pferd und führten ihn vor den Thron des Sultans.

Dieser hatte zur Begrüßung seinen Sitz verlassen, schritt auf Aladin zu, und bevor dieser den Boden küssen konnte, hatte er ihn umarmt und von Herzen begrüßt. Ja… er küßte seinen zukünftigen Schwiegersohn selber und ließ ihn zu seiner Rechten Platz nehmen.
Aladin hingegen mochte dieses großherzige Angebot nicht wortlos annehmen. Er hob zu einer Rede an, in der er den hohen Herrscher wortreich pries, ihm Segen und ein langes Leben wünschte und sodann für seine Huld dankte: »Meine Zunge vermag beim besten Willen nicht auszudrücken, welche Freude du mir bereitet hast, indem du mir deine Tochter, die wunderbare Prinzessin Badr el-Budûr, schenkst!«

Und dann fügte er hinzu: »Nun bitte ich deine Majestät, mir ein Gelände zuzuweisen, wo ich meiner zukünftigen Gemahlin ein Schloß erbauen lassen kann.«

Der Sultan war nicht nur gerührt bei diesen Worten und den vielen Huldigungen. Er war auch in höchstem Maße angetan vom Aussehen des Bräutigams und nicht minder begeistert von der herrschaftlichen Begleitung seines zukünftigen Schwiegersohns. Als dann auch noch die Mutter Aladins in prächtiger Kleidung und in Begleitung von zwölf wunderschönen Sklavinnen würdevoll auftrat – da war das Erstaunen des Königs fast grenzenlos.

Nur einer stand ganz in der Nähe und empfand gerade das Gegenteil. Das war der Großwesir! Ihm brannte der Neid im Herzen, als er die Worte seines Herrschers vernahm:

»Mein Sohn, es tut mir leid, daß ich nicht schon früher von dir beglückt worden bin.«

Wen wundert es, daß alsbald alle Musikkapellen des Sultans zu spielen anhoben und im Schloß ein eifriges Treiben begann. Festtafeln wurden aufgestellt. Feinste Speisen wurden zubereitet. Der große Saal wurde geschmückt. Und Aladin hatte etwas vernommen, von dem er bisher kaum zu träumen gewagt hatte:

»Ich möchte dich heute abend an meiner rechten Seite sitzen haben. Ich habe angeordnet, den Ehevertrag vorzubereiten.«

Und dann war es soweit: Alle Vornehmen des Reiches nahmen an der riesigen Tafel Aufstellung, und erst als der Sultan und sein zukünftiger Schwiegersohn nebeneinander Platz genommen hatten, durften auch die Gäste sich setzen. Es wurde königlich gespeist, es wurden die edelsten Getränke gereicht, und der Sultan tat nichts anderes, als mit Aladin zu plaudern.

Mit großer Freude vernahm er, wie wohl gewählt die Worte seines jungen Gesprächspartners waren. Und es klang auch wirklich so, als sei Aladin schon seit langem in Palästen ein und aus gegangen, wenn nicht gar in einem Königshaus aufgewachsen.

Nachdem die Mahlzeit beendet war, wurde abgetragen, und der Sultan gab Befehl, die Richter und die Zeugen zu rufen. Der Ehevertrag wurde aufgelegt, sodann kam der aufregendste Moment in Aladins Leben. Er mußte seine Unterschrift unter die Urkunde setzen, und nun war es hochoffiziell: Die Prinzessin Badr el-Budûr, Tochter des großen Sultans, und Aladin, Sohn eines einfachen Schneidermeisters, waren fortan ein Ehepaar!

Doch kaum war der feierliche Akt vollzogen, geschah Merkwürdiges. Aladin verabschiedete sich vom Sultan und machte Anstalten, den Palast zu verlassen.

»Wohin des Wegs, mein Sohn?« fragte der König verwundert. »Der Vertrag ist unterschrieben. Die Freude ist da. Nun ist es Zeit, die Ehe zu beginnen.«

»Mein Herr und König«, sprach Aladin. »Bevor ich bei der Prinzessin eingehe, möchte ich ihr eine Freude machen. Ich will ein Schloß errichten lassen, das ihrem Rang und Stande angemessen ist. Ich werde bemüht sein, es so schnell wie möglich zu verwirklichen, denn ich sehne mich danach, mich schon bald an der Prinzessin zu erfreuen.«

Dem Sultan gefielen diese Worte seines Schwiegersohnes, und er sprach: »Wenn es dir genehm ist, so wähle als Bauplatz für das Schloß das weite Gelände vor meinem Palast.«

Aladin bedankte sich für dieses Angebot, verabschiedete sich herzlich vom Sultan und verließ hoch zu Roß und in Begleitung seiner Mamelucken den königlichen Besitz.

Es war später Abend, als Aladin wieder seine karge Kammer betrat und die Lampe aus ihrem Versteck holte und sie rieb.
Sogleich erschien der Geist und sprach: »Was verlangst du von mir, mein Gebieter?«
»Ich will, daß du gleich gegenüber vom Palast des Sultans ein Schloß errichtest, das an Pracht und Herrlichkeit seinesgleichen sucht!«
»Ich höre und gehorche!« sprach der Dämon und war verschwunden.
Aladin legte sich zur Ruhe, aber noch vor Eintritt der Morgendämmerung wurde er wieder geweckt. Der Lampengeist stand in seiner Kammer und meldete: »Das Werk ist getan. Darf ich meinen Gebieter bitten, das Schloß in Augenschein zu nehmen?«
Aladin gab sein Einverständnis, und schneller als in einem Augenblick hatte der Dämon ihn in das neue Schloß getragen.
Ist es vorstellbar, mit welchem Geschmack und welchem Prunk das riesige Gebäude ausgestattet war?

Gelassenen Schrittes ging Aladin durch die Räumlichkeiten und war hochzufrieden: Es gab Hallen und Säle, die mit teuersten Steinen gebaut und dem wertvollsten Mobilar ausgestattet waren. Es gab Bäder, Schlafräume, Küchen, Ställe, Rüst- und Schatzkammern – alle aufs feinste und vollkommenste eingerichtet. Es blinkte und glitzerte überall von Gold und Edelsteinen, und es schien wirklich an alles gedacht. Selbst Köche, Eunuchen und Sklavinnen von erlesener Schönheit standen zu Diensten bereit, und in den Ställen wieherten Rosse der edelsten Rasse ...
Nachdem Aladin schließlich das ganze Schloß besichtigt hatte, erschien wieder der Lampengeist und fragte:
»Mein Gebieter! Habe ich an alles gedacht, oder fehlt noch etwas zu deiner Zufriedenheit?«
»Ja«, sprach Aladin, »ich habe noch einen wichtigen Wunsch.«
»Ganz zu deinen Diensten, großer Gebieter! Was soll ich noch für dich tun?«
Da sagte Aladin: »Ich wünsche von dir einen Teppich aus Brokat und mit Gold durchwirkt, auf dem die Prinzessin Badr el-Budûr vom Palast des Sultans bis zu diesem Schloß schreiten kann.«
Nur für einen Moment war der Geist verschwunden. Dann verkündete er dem zufriedenen Aladin: »Was du gewünscht hast, ist schon da, mein Gebieter!«
Er führte Aladin vor das Schloß, zeigte ihm das Prachtwerk von Teppich, und noch bevor die Sonne aufgegangen war, war Aladin wieder bei sich zu Hause.

Man kann sich vielleicht vorstellen, welche Augen der Sultan machte, als er am Morgen wie üblich ans Fenster seines Schlafgemachs trat, um seinen Blick in die Weite schweifen zu lassen. Die Augen des größten Königs waren wie geblendet, und er hatte allen Grund, an seinem Verstand zu zweifeln. Umgehend ließ er den Großwesir rufen, damit dieser sich selbst ein Bild von diesem Wunder machen sollte.

»Siehst du nun ein, daß dieser Aladin es verdient, der Gemahl meiner Tochter zu werden? Kennst du irgendein menschliches Wesen, dessen Verstand ausreicht, dieses Prachtwerk und diese Herrlichkeit zu begreifen?«

»So etwas kann nur durch Zauberei entstanden sein«, sprach der Großwesir, während er vor Neid und Mißgunst hätte schier zerplatzen können.

»Ach was!« sprach der Sultan. »Du gönnst wohl Aladin nicht meine Tochter. Warum soll jemand, der mir eine Morgengabe von so unfaßlichem Wert schenkt, nicht auch fähig sein, ein solches Schloß in einer Nacht errichten zu lassen?«

Der Großwesir merkte, wie über alle Maßen glücklich und zufrieden der Sultan mit seinem neuen Schwiegersohn war, und er beschloß, fürs erste einmal zu schweigen.

So begann dieser Tag, und er sollte noch aufs feierlichste und freudigste enden.

Für die ganze Stadt war ein Fest angesagt, wie es das Volk bislang noch nicht erlebt hatte. Der Sultan hatte Auftrag gegeben, jede Straße zu schmücken, überall die Musik aufspielen zu lassen und für Tanz, Gesang und großzügigste Speisung zu sorgen. Besonders prächtig aber wurden sämtliche Räume des Schlosses hergerichtet, und jeder, der im Reich etwas zu sagen hatte, war zum Hochzeitsmahl geladen. Und als es Abend wurde, stand ein riesiger Festzug bereit, der Aladin in den Palast des Sultans begleiten sollte.

Doch bevor der zukünftige Gemahl der Prinzessin Badr el-Budûr das Festgebäude betreten durfte, mußte er sich hoch zu Roß, wie es zu diesen Zeiten üblich war, dem ritterlichen Kampfe stellen. Die besten Kämpfer des Landes standen bereit, die Fertigkeit und die Tapferkeit des Jünglings zu prüfen. Und es gab mindestens einen Menschen, der dem zukünftigen Königssohn Niederlage und Schmach oder gar noch Schlimmeres wünschte. Aber wie auch in den Prüfungen zuvor zeigte sich Aladin von seiner glänzendsten Seite. Und hoch oben, an einem Fenster, stand ein junges, unvergleichlich hübsches weibliches Wesen, beobachtete jede Bewegung des Jünglings und war von Minute zu Minute von größerer Liebe ergriffen ...

Kann man beschreiben, wie feierlich und üppig anschließend gespeist wurde? Es fehlte an keiner Köstlichkeit, die sich je ein Koch auf Gottes Erdboden hat ausdenken können.

Bei Fackelschein und festlicher Musik labte man sich an dem Hochzeitsschmaus, erfreute sich an den künstlerischen Darbietungen, und es gab vielleicht niemanden innerhalb und außerhalb des Palastes, der nicht über das Glück des frisch vermählten Paares sprach.

Und dann endlich war es soweit: Aladin hatte sich schon mit seinem Gefolge, den Mamelucken, den Eunuchen und den Sklavinnen in das neue Schloß zurückgezogen – da rief der Sultan seine geliebte Tochter zu sich und verkündete ihr:

»Nun darfst du dich zu deinem Bräutigam führen lassen! Hinfort wird er für deine und unser aller Beglückung sorgen. Ich gratuliere dir zu dieser so überaus glücklichen Wahl!«

Achtundvierzig Sklavinnen bildeten das Geleit. Jede trug einen goldenen Leuchter mit einer Kerze von Ambra und Kampfer. Die Mutter von Aladin, in feinstem Gewande, trat zur Prinzessin und führte sie über den golddurchwirkten Brokatteppich hinüber zu dem Schloß, das Aladin ihr zum Geschenk gemacht hatte. Wer könnte auch nur den Hauch eines Zweifels haben: Das, was sich nun vor Prinzessin Badr el-Budûr auftat, löste unbeschreibliche, nie zuvor erlebte Freude aus. Die Pracht des Gebäudes, die Gemächer mit ihrer so wundervollen Ausstattung, die eigens für diesen Feiertag bereitgelegte Garderobe und vieles, vieles mehr versetzten die Prinzessin in Entzücken. Als gar noch sage und schreibe achtzig Sklavinnen auf den ausgefallensten Instrumenten liebliche Weisen anstimmten – da wußte die Prinzessin kaum noch wohin mit ihren Wohlgefühlen. Tief durchdrungen von Liebe schritt sie auf ihren nicht minder glücklichen Gemahl zu, und gemeinsam begab man sich in das eheliche Schlafgemach …

Man mag es vermuten: Aladin und die Prinzessin fanden größten Gefallen aneinander, und die Festlichkeiten zu ihrer Ehre und zur Freude aller Geladenen wollten ewig kein Ende nehmen.

Tage, ja Wochen wurde geschwelgt und gefeiert, und fast hätte man vergessen können, daß es Aufgaben und Pflichten gab, damit das Land auch weiter regiert würde. Ja, schlimmer noch: Wie fast überall auf der Welt gab es Neider und Feinde in anderem Land, denen es nach Auseinandersetzung und sogar Krieg gelüstete. Da war plötzlich kein Gedanke mehr an Genießen und geruhsames Leben. Der Sultan mußte ein Heer zusammenstellen, um sein Land vor den Angreifern zu schützen.

Und wer bot sich mehr an, die Truppen zu führen, als Aladin?

Bei allen möglichen friedlichen Kampfspielen hatte er schon durch Geschicklichkeit und besondere Tapferkeit geglänzt. Auf dem Pferd wußte er sich zu halten wie kaum ein anderer. Und in seinem Herzen glühte eine Leidenschaft für all das, was dem Sultan und inzwischen ihm selber eigen war, daß es jetzt eine Selbstverständlichkeit und Ehre war, für die Sache des Landes zu kämpfen.

Man kann es in Kürze sagen: Aladin beflügelte seine Mannen, und er gab alles an Mut und Ausdauer, was man für einen Sieg benötigt. Triumphal war anschließend der Empfang durch die Oberen des Reiches und besonders den Sultan. Stolz und voller Sehnsucht schloß auch die Prinzessin Badr el-Budûr ihren jungen Gemahl in ihre Arme. Und Aladin konnte sich kaum retten vor Anerkennung und Glückwünschen.

Ein jeder im Volk kannte nun den Schwiegersohn des Sultans, huldigte ihm und war dankbar. Denn in den folgenden friedlichen Zeiten entpuppte sich Aladin als ein allseits großherziger und hilfsbereiter junger Staatsmann. Oft sah man ihn durch die Straßen und Gassen reiten, das Gespräch mit den einzelnen Leuten suchend, und nicht selten verteilten seine Mamelucken goldene Dinare an diejenigen, die arm oder mittellos waren.

So verging die Zeit, und es hätte keinerlei Anlaß zu Sorgen gegeben, wenn da nicht fern in einem anderen Land einer gelebt hätte, der nie vergessen hatte, wie ihm ein Junge namens Aladin vor langer Zeit den Gehorsam verweigert hatte …

Natürlich handelt es sich um den maurischen Zauberer, der haßerfüllt an Aladin zurückdachte! Er war, wie wir wissen, damals zutiefst enttäuscht und voller Zorn in sein Land zurückgekehrt. Sein einziger Trost war die Annahme, Aladin wäre längst in seinem unterirdischen Gefängnis aufs grausamste verschmachtet und die Lampe, die dieser ihm frecherweise verweigert hatte, wäre nach wie vor dort unten gut aufgehoben …

»Irgendwann und irgendwie werde ich sie mir zu eigen machen!« schwor sich der Zauberer tagaus, tagein. Und eines Abends kam ihm die Idee, den Sand zum Zaubern auszuwerfen. »Ich will mich vergewissern, daß die Lampe auch wirklich noch in der Schatzhöhle ist!« rief er, doch kurz darauf fuhr ihm der Schreck in alle Glieder.

Die Figuren, die er geworfen hatte, zeigten Wunderliches: Da war keine Lampe mehr! Und auch Aladin – besser gesagt: seine sterblichen Überreste – befanden sich nicht mehr in der Höhle!

Der Zauberer konnte nicht glauben, was ihm hier aufgezeigt wurde. Ein zweites Mal warf er den Sand. Und nun schien sich das Geheimnis zu lüften: Unfaßlicherweise sollte Aladin unter den Lebenden weilen! Ungeheuerlicherweise sollte die Wunderlampe sogar in seinem Besitz sein! Ein drittes Mal warf der Zauberer den Sand und befragte die Sterne, und nun waren die Zeichen noch verwirrender: Aladin sei nicht nur lebendig und Besitzer der Lampe, Aladin sei auch mit ungeheurem Reichtum ausgestattet und – der Zauberer zweifelte an seinen Sinnen – zudem mit der Tochter des Sultans vermählt!

Ohne Verzug beschloß er, sich auf dem kürzesten und schnellsten Wege nach China zu begeben, um dort fürchterliche Rache zu üben …

Die Zeit verstrich, und Aladin genoß in vollen Zügen das neue Leben, seinen Ruhm und seine Prinzessin. Hätte er geahnt, wer eines Tages in der Hauptstadt des Sultans eintreffen sollte …

So aber stieg der Zauberer unerkannt in einer Herberge ab und begann dunkle, gemeine Pläne zu schmieden.

»Zunächst muß ich genaue Erkundigungen über diesen verdammten Schwiegersohn des Sultans einholen«, beschloß er.

Aber noch bevor er richtig zum Fragen kam, erhielt er die beunruhigendsten, alarmierendsten Auskünfte: Wo auch immer er auftauchte, wen auch immer er traf – ein jeder erzählte begeistert von dem prachtvollen neuen Schloß und rühmte die Freigiebigkeit und die trefflichen Eigenschaften seines Erbauers.

»Wer ist dieser Mensch?« fragte der Zauberer schließlich und erntete nur größtes Erstaunen: »Was, du kennst den Emir Aladin nicht?!«

»Was, du hast noch nicht von dem Weltwunder von Schloß gehört, das er hat errichten lassen?«

Da ahnte der Zauberer schon, was es mit diesem Emir und seinem Schloß für eine Bewandtnis hatte. Und als er kurz darauf das Prachtgebäude mit eigenen Augen erblickte – da stand es unerschütterlich fest: Dieser Emir ist wirklich und wahrhaftig niemand anderer als der Junge Aladin von damals! Und dieses Wunderwerk von Schloß konnte durch nichts anderes als durch einen Zauber entstanden sein!

Von Zorn, Neid und Rachegelüsten getrieben, warf der Zauberer noch einmal den Sand. Wo ist die Wunderlampe? war die einzige Frage, die ihn jetzt interessierte. Und da er ein Zauberer von außerordentlicher Fähigkeit war, erschien ihm sogleich des Rätsels Lösung: Die Lampe befindet sich in dem neuen Prachtschloß. Aber Aladin hat sie nicht bei sich.

Dem Zauberer genügte diese Antwort, und er wußte, was er zu tun hatte. Er eilte zu einem Kupferschmied und sprach: »Fertige mir sogleich einige Lampen dieser und jener Art! Ich werde dich reichlich entlohnen.«

Kaum war der Auftrag ausgeführt, besorgte sich der Zauberer einen Korb, legte die Lampen hinein und zog gen Aladins Schloß.

»Wer vertauscht alte Lampen gegen neue? Wer vertauscht alte Lampen gegen neue?« rief der Zauberer in einem fort, und die Leute auf der Straße wunderten sich schon über diesen närrischen Händler.

Gassenjungen liefen hinter ihm her und lachten ihn aus, und wie es das Schicksal wollte, lief dem Zauberer auch eine Sklavin der Prinzessin Badr el-Budûr über den Weg.

»Alte Lampen gegen neue? Hat meine Herrin nicht eine alte Lampe bei sich stehen?« überlegte sie kurz und eilte sogleich zur Prinzessin, um von dem seltsamen Händler zu erzählen.

»Ja, natürlich hab ich so eine alte Lampe!« sagte die Prinzessin. »Aladin hat sie in meinem Gemach abgestellt. Bestimmt freut er sich und ist von Herzen dankbar, wenn ich sie ihm gegen eine neue eintausche.«

Die Prinzessin schickte einen Eunuchen mit der alten Lampe los, und der Zauberer konnte sein Glück kaum fassen: Auf den ersten Blick spürte er, daß es genau diese Lampe war, nach der sein Herz gierte. Der Tausch ward vollzogen, der Korb mit den anderen Lampen blieb gleich stehen, und weg war er, der maurische Betrüger!

Er war weit gelaufen, der maurische Fremdling, damit ihn nur ja niemand bei seiner Zauberei beobachten konnte. Er rieb die Lampe, die Aladin so viel gute Dienste geleistet hatte, und sogleich erschien auch der Geist mit den Worten:

»Zu Diensten! Verlange von mir, was du wünschest!«

»Ich wünsche, daß du mich und Aladins Schloß mit allem drum und dran umgehend in meine Stadt nach Afrika zauberst!«

»Schließe die Augen und öffne sie wieder«, sprach der Geist der Lampe, »dann wirst du sehen, wie gehorsam ich dir war.«

Und so unglaublich es klingen mag: Mit einem Augenaufschlag war der Wunsch des Zauberers erfüllt!

Man mag schon ahnen, welche Katastrophen solch Wunder nach sich ziehen würde ...

Es begann damit, daß der Sultan an diesem Tag später als sonst aus dem Bett stieg. Wie üblich trat er ans Fenster, um als erstes einen Blick auf das Prachtschloß seiner Tochter und seines Schwiegersohnes zu werfen. Doch welcher Schreck fuhr ihm in die Glieder! Da konnte er noch so viel seine Augen reiben oder an seinem Verstand zweifeln oder Tränen der Trauer vergießen: Das Schloß war und blieb verschwunden und mit ihm auch die geliebte Tochter, die Prinzessin Badr el-Budûr.

»Man hole mir umgehend den Großwesir!« rief der Sultan ganz außer sich, und wenig später ließ er seinen wichtigsten Diener aus dem Fenster blicken.

»Siehst du meiner Tochter Schloß?« fragte der König.

»O mein Herr und größter König«, erwiderte der Angesprochene verwirrt, »ich kann beim besten Willen kein Schloß erkennen.«

»Und warum nicht?«

»Weil ... weil ... weil wahrscheinlich alles ein fauler Zauber war.«

»Und wo ist Aladin?«

»Er ist zur Jagd ausgeritten.«

»Dann schicke umgehend Soldaten aus und lasse ihn gefesselt herholen!«

Der Großwesir nahm diesen Befehl nicht gerade ungern entgegen. Und man mag sich die Verwunderung des Volkes und aller Bediensteten des Sultans vorstellen, als wenig später der geliebte und verehrte Aladin mit Handschellen und Fußfesseln angeschleppt wurde. Im Nu verbreitete sich die Neuigkeit in der ganzen Stadt. Die Leute rotteten sich zusammen, und ein jeder fragte:

»Was soll dem guten Aladin angetan werden?!«

»Der Sultan hat Befehl gegeben, Aladin als Betrüger zu köpfen!« wurde mit Entsetzen aus dem Sultanspalast vernommen.

Und genau so war es: Ohne den Armen wegen des verschwundenen Schlosses zu befragen, hatte man ihn sogleich zum Henker geführt und alles zur Hinrichtung vorbereitet ...

Da aber geschah etwas, was der Sultan noch nie in seiner Regierungszeit erlebt hatte: Bewaffnete Bürger erschienen in großer Zahl vor dem Palast und riefen: »Wenn unserem Aladin auch nur das geringste Leid geschieht, werden wir den Palast niederreißen und jeden töten, der darinnen weilt!«

Mit Schrecken vernahm der Großwesir diese Drohung, und auf der Stelle meldete er dem Sultan die Gefahr:

»Das Volk liebt Aladin mehr als uns. Sie greifen schon den Palast an!«

»Meldet den Leuten, ich nehme das Todesurteil zurück!« fügte sich der Sultan voller Grimm dem Druck seiner Untertanen. Aber zugleich befahl er, Aladin solle auf der Stelle vor seinem Thron erscheinen.

»Hoher Herr«, sprach Aladin wenig später vor dem Sultan, »darf ich wenigstens erfahren, worin mein Verbrechen besteht?«

»Tritt ans Fenster und zeig mir, wo dein Schloß und meine geliebte Tochter sind!« sagte der Sultan barsch und stürzte Aladin damit in einige Verwirrung. Dieser trat ans Fenster, blickte hinaus und traute seinen Augen nicht:

Wo einstmals das Prachtgebäude gestanden hatte, sah er nur mehr gähnende Leere.
»O großer König«, stammelte Aladin, »ich weiß nicht, was geschehen ist.«
»Ich habe dich begnadigt, damit du dich auf der Stelle aufmachst, um mein Herzblut, meine Tochter, zu finden«, sprach der Sultan. »Wenn du sie mir nicht sofort zurückbringst, werde ich dich doch noch köpfen lassen!«
»Ich höre und gehorche«, sagte Aladin ganz verstört. »Aber bitte, mein Herrscher, gewähre mir wenigstens eine Frist von vierzig Tagen, weil ich beim besten Willen nicht weiß, wo und wie ich die Suche beginnen soll. Habe ich deine Tochter und meine Gemahlin nach vierzig Tagen nicht zu dir zurückgebracht, so mögest du mir wirklich das Haupt abschlagen lassen.«

Man wird es ahnen: Von dieser Stunde an war Aladin gramgebeugt und todtraurig. Zwar jubelten ihm die Menschen zu, als er wieder in der Stadt erschien. Aber nichts und niemand konnte ihn trösten. Ziellos irrte er erst einige Tage in den Straßen umher. Dann suchte er die Einsamkeit, lief über die Felder und landete schließlich völlig verzweifelt an einem Fluß.

»Es bleibt mir nichts anderes übrig, als meinem Leben ein Ende zu machen«, ging es Aladin durch den Kopf. Und weil er ein gläubiger und gottesfürchtiger Mensch war, trat er ans Wasser, um seine letzte Waschung vorzunehmen.

Was aber geschah, als Aladin mit den Händen Wasser schöpfte und anschließend seine Finger wusch? Er rieb dabei ganz ungewollt über den Siegelring, den ihm einst der Zauberer gegeben und den er völlig vergessen hatte. Und augenblicklich erschien der Geist des Ringes riesenhaft vor ihm und sagte:

»Zu deinen Diensten! Verlange von deinem Knecht, was du wünschest!«

Hätte Aladin nicht schon öfters mit Geistern zu tun gehabt – er wäre gewiß zu Tode erschrocken. So aber war er hoch erfreut über die unerwartete Hilfe und sagte:

»Ich wünsche mir, daß du umgehend mein Schloß mit meiner Gemahlin, der Prinzessin Badr el-Budûr, hierherbringst.«

»Du forderst etwas von mir, was nicht in meinen Kräften liegt«, erwiderte der Geist des Siegelringes. »Dafür sind die Lampengeister zuständig.«

»Dann bring mich jetzt und sofort zu meinem Schloß – wo immer es sich auch gerade befindet.«

»Mein Gebieter, ich höre und gehorche!« sprach der Geist, und schon befand sich Aladin in Afrika an dem gewünschten Platz. Die Nacht war bereits angebrochen, die Lichter im Schloß gelöscht, und rundum in der Natur herrschte tiefer Frieden.

»Ach, wie herrlich wäre es, wenn meine Gemahlin jetzt erscheinen und mich sehen würde! Aber wer weiß, ob sie überhaupt noch im Schloß weilt oder wer sich ihrer bemächtigt hat …?«

Über solchen und ähnlichen Gedanken schlief Aladin unter einem Baum ein, denn er hatte aus Sorge um die Prinzessin vier Nächte nicht geschlafen, fast nichts gegessen, und mit seinen Kräften war er völlig am Ende.

Was aber war mit der Prinzessin? Die Arme ahnte nicht, wer inzwischen in ihrer Nähe weilte. Wie in den Nächten zuvor konnte sie kaum ein Auge zutun. Tränen flossen ihr unentwegt über ihr wunderhübsches Antlitz. Und ihre Gedanken weilten nur bei Aladin.

Der neue Tag brach an, und nichts deutete darauf hin, daß er schöner als der vorangegangene werden könnte. Da plötzlich rief die Kammerfrau, indem sie hastig das Fenster des Schlafgemachs öffnete, der Prinzessin zu:

»Herrin, meine Herrin! Kommen Sie her! Da unten steht Ihr Gemahl, der Herr Aladin!«

Welches Wunder, welche Überraschung, welche Freude! Die Prinzessin wollte ihren Augen kaum trauen, als sie aus dem Fenster blickte …

»Bring ihn durch die geheime Pforte hoch zu mir!« befahl sie der Sklavin, und wenig später lag sie glückselig in den Armen ihres geliebten Gemahls.

»Wo sind wir hier? Wie kommst du an diesen Platz? Wer hat hier Schicksal gespielt?« bestürmte Aladin seine Gemahlin.

Da erzählte sie ihm alles, was derweil passiert war: »Und dieser maurische Derwisch, der mich hierher entführt hat, bedrängt mich tagtäglich und begehrt mich als Frau. Dir sei vom Sultan der Kopf abgeschlagen worden, wollte er mir weismachen. Unser ganzer Reichtum sei nur durch die Lampe möglich geworden, die du in deinen Besitz gebracht hattest.«

»Die Lampe?« staunte Aladin und erfuhr sogleich, wie die Prinzessin diese ohne schlechtes Gewissen gegen eine neue eingetauscht hatte.

»Und wo ist sie jetzt?« wollte Aladin wissen.

»Er trägt sie immer bei sich«, antwortete die

Prinzessin und erzählte, daß der üble Zauberer an jedem Tag zu einer bestimmten Zeit bei ihr auftauche und um ihre Liebe buhle.
Aladin lauschte voller Anspannung den Worten seiner Gemahlin, und seine Miene wurde zusehends düsterer.
»Ich werde mir etwas einfallen lassen, wie ich diesen verruchten Kerl vernichten kann«, sagte Aladin schließlich. »Lasse fortan immer deine Sklavin an der Geheimpforte warten. Ich werde so bald wie möglich wieder hier auftauchen und dir sagen, was weiter geschieht.«
Mit diesen Worten nahm Aladin eilig Abschied und verließ das Schloß auf dem gleichen Weg, auf dem er es betreten hatte.

Bald darauf befand sich Aladin fern vom Schloß auf einem Feldweg, wo ihm ein armer Bauer entgegenkam.
»Warte, Mann«, sprach ihn Aladin an, »leg bitte dein Kleidzeug ab, du bekommst statt dessen meines.« Der Bauer war einigermaßen verdutzt und mochte sich nicht auf diesen merkwürdigen Handel einlassen.
»Nun mach schon!« drängte Aladin, und ehe der arme Mann sich's versah, war er seine ärmliche Kleidung los und konnte sich dafür mit den kostbaren Gewändern eines Emirs bekleiden.
Aladin hingegen machte sich eilends aus dem Staub und stand wenig später in der nächstgelegenen Stadt auf dem Drogenbasar.
»Fünf Gramm von diesem Pulver da!« sagte er zu einem Händler, indem er auf ein Gift zeigte, das auch die stärkste Natur in Minutenschnelle ins Reich der Toten schaffen würde...
Einige Stunden später war Aladin, als Bauer verkleidet, wieder auf dem Platz vor dem Schloß, und niemand schien Notiz von ihm zu nehmen. Nur die Sklavin der Prinzessin, die an der Geheimpforte harrte, ahnte gleich, wen sie vor sich hatte. Sie winkte Aladin heimlich zu sich und flüsterte: »Die Prinzessin erwartet dich.«
Aladin ließ sich nicht lange bitten – Sekunden später stand er vor seiner Gemahlin und überreichte ihr das Tütchen mit dem Pulver.
»Hör genau zu, was ich dir jetzt erkläre!« flüsterte Aladin, und schaudernd und mit klopfendem Herzen lauschte die Prinzessin dem Plan, den ihr Gemahl sich ausgedacht hatte.
»Wenn du alles genau befolgst, sind wir alsbald wieder glücklich wie einst«, endete Aladin und nahm erneut Abschied von der Geliebten.

Was in den nächsten Stunden geschah, war das Aufregendste und Gefährlichste, das die Prinzessin Badr el-Budûr je in ihrem Leben mitgemacht hatte.

»Ich muß mich auf den Besuch meines Verehrers und zukünftigen Gemahls vorbereiten«, erklärte sie zunächst einer ihrer Kammerfrauen. »Bring mir das Edelste an Gewändern und Schmuck, das ich besitze!«

Und es dauerte gar nicht lange, da stand die Prinzessin so entzückend und verlockend vor dem maurischen Zauberer, daß diesem ganz schwummrig wurde und seine Liebe zu ihr sich noch stärker entfachte.

»Mein Lieber«, sprach sie mit zuckersüßer Stimme, »ich hab mir alles überlegt. Ich bin meiner Trauer überdrüssig, denn Aladin kann ja doch nie mehr aus seinem Grabe wiederkehren. Du hast so inständig um mich geworben, daß mein Herz nun endgültig erweicht ist: Ich möchte dich zu meinem Geliebten und Gefährten machen. Besorge zur Feier des Abends einen Krug vom Wein deines Landes, damit wir auf unsere gemeinsame Zukunft anstoßen können.«

Der maurische Zauberer konnte kaum fassen, welches Glück und welche Schönheit ihm plötzlich beschieden sein sollte. Mit Freude und Lust in den Augen betrachtete er die Prinzessin und sprach:

»Meine Verehrte und Begehrte, jedes Wort von dir sei mir Befehl! Auf der Stelle eile ich, um den besten Wein zu besorgen, den ich auftreiben kann.«

Der Maure entfernte sich, und die Prinzessin mußte nicht lange warten, bis er mit dem edelsten Tropfen erschien, den es in der afrikanischen Stadt gab. Speisen vom Feinsten wurden aufgetragen, die Weinbecher gefüllt, sodann richtete der Zauberer das Wort an seine wunderhübsche Gastgeberin:

»Mein Augenstern, ich möchte auf dich und unsere Liebe trinken!«

Auch die Prinzessin hob den Becher, sprach liebreizende Worte, machte dem Zauberer schöne Augen und trank auf sein Wohl und ihre Liebe.

So saß man beieinander, kostete von den feinen Gerichten und wechselte liebevolle Worte. Der Zauberer konnte sich nicht sattsehen an seiner so liebreizenden Prinzessin, und er meinte, allen Anlaß zu haben, tüchtig in den Becher zu schauen. Langsam begann es sich in seinem Kopf zu drehen, und genau dies war der Zeitpunkt, auf den die Prinzessin gewartet hatte.

»Mein Lieber«, sprach sie mit belegter Stimme, »in meinem Lande ist es Sitte unter engen Freunden, nach einer solchen Mahlzeit die Becher zu tauschen und noch einmal auf das gemeinsame Glück anzustoßen.«

Natürlich war der Zauberer sofort dabei. Mit benebeltem Blick reichte er der Prinzessin seinen Becher und nahm den ihren frisch gefüllt entgegen. Glückselig hob er ihn in die Höhe und sprach mit schwerer Zunge Worte über die Liebe und das Leben. Dann setzte er zum Trinken an, nicht ahnend, was ihm im nächsten Moment die Kehle hinunterfließen würde: Die Prinzessin nämlich hatte unbemerkt das giftige Pulver in ihren Becher geleert, kurz bevor sie diesen dem liebestrunkenen Mauren reichte ...

Nun war es um den Zauberer geschehen: Augenblicklich sank er wie tot auf den Rücken. Der Becher fiel ihm aus der Hand. Und mit angsterfülltem Gesicht sah die Prinzessin, was sie angerichtet hatte.

»Holt meinen Gemahl!« rief sie laut, und sogleich eilten mehrere ihrer Bediensteten davon. Es dauerte nicht lange, da stand Aladin im Raum. Mit einem Blick sah er, was geschehen war. Klopfenden Herzens trat er auf seine Gemahlin zu, küßte sie und dankte ihr für ihr mutiges Tun. Dann sagte er: »Bitte zieh dich jetzt mit den Sklavinnen in dein Gemach zurück. Ich habe hier noch etwas zu vollenden.«

Man mag sich denken, was Aladin vorhatte. Kaum hatte die Prinzessin mit ihren Dienerinnen den Raum verlassen, griff er zum Schwert und hieb dem, der einst ihm den Tod zugedacht hatte, den Kopf ab. Dann griff er in dessen Gewand und ... hielt die Wunderlampe in Händen! »Möge sie mir noch ein letztes Mal helfen«, dachte Aladin, indem er sie wie früher rieb. Und siehe da: Schon stand der riesige Lampengeist im Raum und erhob seine mächtige Stimme. »Ich stehe zu deinen Diensten, mein Gebieter! Was wünschest du von mir?«

»Ich wünsche«, erwiderte Aladin, »daß du dieses Schloß wieder nach China an seinen alten Platz trägst. Und außerdem«, fügte er hinzu, »könntest du bitte meinen Feind freundlicherweise in den Söller schaffen.«

»Ich höre und gehorche«, sprach der Geist und war sofort wieder im Nichts verschwunden.

Aladin stand auf, begab sich in das Gemach seiner Gemahlin, umarmte sie und küßte sie und empfing voll Wonne ihre Zärtlichkeiten. Währenddessen – man mag es schon ahnen – war das Schloß längst wieder dort, wo Aladin es hatte erbauen lassen. Es war tiefe Nacht in China, aber Aladin und seine geliebte Prinzessin Badr el-Budûr mochten längst noch nicht die Augen zutun. Selig und beglückt tranken und speisten sie zusammen und hatten sich viel zu erzählen. Dann begaben sie sich ins Schlafgemach, um sich von den vielen Anstrengungen zu erholen.

Der nächste Morgen brach an. Die Sonne war gerade aufgegangen – da erhob sich jemand, der inzwischen gewohnt war, sich abends traurig ins Bett zu legen und es morgens ebenso traurig wieder zu verlassen. Wie an jedem Tag trat dieser Jemand ans Fenster seines Gemachs, um einen Blick dorthin zu werfen, wo einstmals seine über alles geliebte Tochter in ihrem prachtvollen Schloß gelebt hatte …

Seit dem rätselhaften Verschwinden der Prinzessin hatte der Sultan alle Freude am Leben und Regieren verloren. Nichts und niemand konnte ihm seine Trübsal nehmen. Und ohne Hoffnung blickte er auch an diesem Tag aus dem Fenster. Doch was glitzerte dort in der Morgensonne? Handelte es sich etwa um eine Fata Morgana? Sofort ließ der Sultan seinen Großwesir kommen und schickte ihn ans Fenster.

»Was siehst du da draußen, Wesir?«

Demjenigen, dem es gar nicht so unrecht war, was in der letzten Zeit geschehen war, hatte es offenbar die Sprache verschlagen.

»Wesir«, fragte der Sultan ein zweites Mal, »was siehst du da draußen?«

»Hoher Herr, gütiger König«, sprach der Großwesir mit leiser Stimme, »ich glaube, ich sehe etwas, das so aussieht wie früher das Schloß deiner Tochter.«

Man kann es kurz machen: So flink wie noch nie in seinem Leben war der Sultan angekleidet! So schnell wie nie war er die Treppen seines Palastes hinabgestürzt, nach draußen geeilt … Und wer kam ihm da über den golddurchwirkten Brokatteppich entgegen?

Aladin, sein Schwiegersohn!

»Hast du sie gefunden?« rief der Sultan.

Aber bevor Aladin antworten konnte, war auch die Prinzessin erschienen und glückstrahlend auf ihren geliebten Vater zugestürmt.

Der umarmte und küßte erst seine Tochter und gleich danach auch seinen Schwiegersohn.

»Bitte verzeih mir, wenn ich dir das Leben nehmen wollte!« sprach der Sultan zu Aladin. »Aber der Verlust meines einzigen und über alles geliebten Kindes ließ mich so reagieren. Nun aber bin ich selig, euch beide wieder bei mir zu haben. Erzählt mir, wie ihr hierher zurückgefunden habt und wie das alles passieren konnte!«

Daraufhin führte der Sultan die Prinzessin und Aladin in ein Gemach, wo er sie königlich bewirten ließ.

Die Königin und Aladins Mutter wurden gerufen, und dann mußte das Paar berichten, was ihm alles widerfahren war.
So saßen sie bis tief in die Nacht und genossen ihr Zusammensein.
Am nächsten Morgen aber befahl der Sultan, die ganze Stadt feierlich zu schmücken. Ein Herold wurde ausgeschickt und mußte die freudige Nachricht in allen Straßen verkünden:
»Heute ist ein Feiertag, weil die Prinzessin Badr el-Budûr und ihr Gemahl Aladin heimgekehrt sind. Überall im Land soll gefeiert werden! Das Freudenfest wird dreißig Tage dauern!«

Im Nu verbreitete sich die Nachricht im ganzen Reich. Es gab niemand, bis auf vielleicht einen einzigen, der nicht glücklich gewesen wäre.
Und es hätte ewig so weitergehen können, wenn nicht eines Tages der Sultan verstorben wäre. Da bestieg Aladin, sein Schwiegersohn, den Königsthron, sprach Recht und sorgte für Gerechtigkeit, und das Volk dankte es ihm mit Liebe und Zuneigung.
Die Liebe zwischen Aladin und seiner Gemahlin aber währte ein ganzes Leben lang, bis schließlich derjenige zu ihnen kam, der alle Freuden irgendwann zu einem Ende führt …

Die Deutsche Bibliothek – CIP-Einheitsaufnahme

Aladin und die Wunderlampe / Dirk Walbrecker.
Bilder von Doris Eisenburger. – Wien : München : Betz, 1996
ISBN 3-219-10630-7
NE: Walbrecker, Dirk; Eisenburger, Doris

B 736/1
Alle Urheberrechte, insbesondere das Recht der Vervielfältigung,
Verbreitung und öffentlichen Wiedergabe in jeder Form,
einschließlich einer Verwertung in elektronischen Medien,
der reprografischen Vervielfältigung, einer digitalen Verbreitung und der
Aufnahme in Datenbanken, ausdrücklich vorbehalten
Illustrationen und Layout von Doris Eisenburger
Umschlagentwurf von Manfred Kriegleder
Copyright © 1996 by Annette Betz Verlag im
Verlag Carl Ueberreuter, Wien – München
Printed in Italy
1 3 5 7 6 4 2